おもしろ鉄道

珍百景

坪内政美

「これが駅?!」

"どツボ"にハマる！

contents

4 はじめに

6 "どつぼ"カメラマン坪内政美が撮る！
四国・予土線珍探しの旅
with 吉川正洋（ダーリンハニー）

14 どつぼカメラマン プロフィール

15 第1章 ㊤ 北海道東北

45 第2章 ㊤ 関東

55 第3章 ㊤ 中部

73 第4章 ㊤ 近畿

95	第5章 中国四国
123	第6章 九州
133	コラム
134	保存SLがおもしろい！
141	ふぞろいの新幹線・電車たち
145	ツボにはまる珍駅名
151	珍読駅
159	あとがき

※著者の撮影時のままを掲載しております。その後状況が変更になっている可能性がありますのでご了承ください

はじめに……

「私に関わると、"どつぼ"にはまりますよ！」
それでよろしかったら、この後もお楽しみください……。

えー、わたくし、うどんの国四国は香川県からやって来ました、スーツの鉄道カメラマンつぼうちまさみです。この度は、『おもしろ鉄道珍百景』を手にとっていただき、誠にありがとうございます。四国・香川（うどん県）の生まれですが、本籍は愛媛。幼いころから鉄道好きで、小学生5年生から写真を撮り始め、そのころから画用紙で作った自作の鉄道本を"えいぎょう"といって友人や先生に見せて回り、愛用のママチャリ自転車には、これまた自作の行き先サボをつけて、写真撮影を"しゅさい"といい、授業中は"へんしゅう"と称して鉄道仲間と鉄道同人誌をつくる始末。机の中には、香川県中の交通時刻表が常備され、「坪内交通案内所」まで開設していた、少々？　いたーい子どもでした。現在は鉄道カメラマン・ロケコーディネーターという仕事をしていて、全国いつでもどこでもスーツ着用、そして愛車は時にはオフィスになる1997年式で2023年1月に走行距離100万キロを突破した日産・セドリックに乗っています。実はわたくし、鉄道など乗り物にはめっぽう弱く、ちょっと乗るだけで乗り物酔いをしてしまうのです……。

「なんで、いつもスーツでセダンなのですか？」と聞かれることが多いです。

高校を卒業して10年間は森林関係のサラリーマンを務めたこともあり、ほぼ制服の延長と、鉄道に敬意と、取材時に失礼のないようにと配慮して……といったところですが、根底には

大の"刑事ドラマ"好きで、幼稚園時代は「西部警察」の原型となった「大都会」、小学5年間はどっぷり「西部警察」、中学に入ると「あぶない刑事」とアクション刑事ドラマを見続けた結果が今のスタイルになってしまいました。つまり渡哲也さまと柴田恭兵さまのたち振る舞いがそのまま影響しています。"そりゃ、こんな大人になるわな(笑)"。

鉄道は、本当に裾野の広い、いろいろな要素を秘めています。時には別の要素や思惑が加わりその結果、なんとも不思議な風景や現象を作りだします。この本は、そんな"珍"な鉄道風景を"珍"な鉄道カメラマンが御紹介する、「案内本」です。2019年12月に『鉄道珍百景』を出させていただきましたが、あれから5年が立ち、この間かなりの数の珍景がなくなってしまいましたので、その改訂版としてお送りします。これは一貫していますが、あえて詳しい場所へのアクセス、データ、地図は入れていません。

ぜひ迷いながらお探しください。見つけた時の驚愕や感動はひとしおですから。

あらためまして、最後に警告です。

「私に関わると、"どつぼ"にはまりますよ!」

それでよろしかったら、次のページへとお進みください。

2025年2月　坪内 政美

"どつぼ"カメラマン坪内政美が撮る！
四国・予土線 珍 探しの旅

With 吉川正洋（ダーリンハニー）

愛媛県と高知県を結ぶローカル線「予土線」は、ユニーク車両が日々運行中。珍風景だらけ沿線と合わせ、鉄道BIG4の吉川正洋さんと珍道中してきました。

「なんちゃって新幹線」予土線のアイドル!! 鉄道ホビートレインがトコトコ走る

窪川〜宇和島
鉄道ホビートレイン

新幹線の父でもある第4代国鉄総裁、十河信二氏が愛媛県出身ということで、2014年予土線全通40周年に合わせてキハ32形を初代新幹線0系に大胆にも改造。

あの団子鼻がついているのは窪川寄りのみ。宇和島寄りはなんとイラストなのだ。渋い……

とっても面白い予土線の旅！

乗っても降りてもツッコミドコ満載！

予土線は、愛媛県宇和島市と高知県四万十町を結ぶ風光明美な非電化路線。車窓に広がるのは、田園風景と清流四万十川。緑あふれる景色に"全席グリーン"というキャッチコピーもあるほど。宇和島駅発の下り一番列車は、なんと初代新幹線0系をモデルにした「鉄道ホビートレイン」。地元の人は「朝一番の新幹線」というとか。車内には特設ポストがあり、投函するとちゃんと郵送される。ゴロゴ

団子鼻は視界確保でメッシュになっている

あれっ、運賃表には、東海道新幹線の駅名が

0系新幹線の座席も設置。これホンモノ

ロと進む"キハ0系"は吉野生駅へ。ジャイアンツの高橋由伸・元監督を連想させる駅名に思わず降りてしまうと、行き違いでやってきたのは、よどせん3兄弟の次男「かっぱようよ号」！ちなみに今乗ってきた鉄道ホビートレインは三男、「しまんトロッコ」は長男というデビュー順の3大観光列車の設定だ。でも普通列車として運行されているので、やはりこの路線は変だ。再び宇和島に戻り朝食を取ると、これまた「うようよ号」で松丸駅へ。四国唯一の温泉駅を堪能したら、いよいよ長男「しまんトロッコ」に乗車して窪川へ。これで3兄弟＆予土線を完全乗車できる。

窪川〜宇和島
海洋堂ホビートレイン
かっぱうようよ号

フィギュアメーカー「海洋堂」が手掛けた日本初のフィギュア列車。のどかな田舎にいそうなかっぱをテーマにしており、外も中もかっぱだらけ。

ねえねえ、かっぱさん。このへんの珍百景は？

車内に鎮座しているかっぱさんは、土佐弁で話しかけてくる仕掛けが

かっぱの親子も予土線の旅を楽しんでいる。
床には土俵も描かれているよ

つり革は、きゅうりの模様になっているよ

走行中はすもう禁止!?

> 実は走りながらかっぱの鳴き声がする。これが不気味！

まるでかっぱが、田んぼや川など沿線で遊び回っているかのよう

全国から集められたさまざまなかっぱのフィギュア作品も並ぶ

左右でリバーシブルデザイン。さてかっぱさんは何匹いるでしょう？

四万十川絶景スポットは徐行もしてくれる。沿線ガイドさんも楽しい

定員40人の座席は板張り。乗り心地の悪さと独特な車輪音がたまらない

窪川〜宇和島
しまんトロッコ

かつて北海道で木材を運んでいた貨車は四国を代表する観光列車に。1984年に初のトロッコ列車として登場し、以来35年のキャリアをもつ。

※トロッコ乗車には指定券が必要です。

沿線一の有名駅といえば、やっぱりハゲ（半家）駅。平家の隠れ里だった名残

予土線沿線であの
お子様ランチも食べられる!?

松丸駅そばの道の駅にあるレストラン遊鶴羽（ゆずりは）では、あの0系お子様ランチが！
(ただし大人は食べられないけれど……)

店長！ 大人も食べられるように要検討お願いします

土日祝日の限定15食という「予土線鉄道ホビートレインお子様ランチ」
680円

レストラン遊鶴羽
愛媛県北宇和郡松野町延野々1510-1
道の駅虹の森公園まつの内
0895-20-5006
11:00 〜 16:30(L.O.16：00)
休　元旦のみ

012

予土線で見つけた珍4景

予土線には、見つけたら思わず写真に収めたくなる風景やスポットがいっぱい。そのなかで、選りすぐりの4カ所を紹介しよう。

江川崎駅のラブラブベンチ
V字のベンチで珍カメラマンとラブラブポーズ！出来ればカップルで座ることをお薦めします

土佐大正駅への案内標識
駅前にある青看板には「国鉄」の文字が。十川駅前にもある。いつまで国鉄なのか……

新幹線が踏切を通過！
真土駅を出発して踏切を渡る……ただこの車両が通ると違和感でしかない。予土線では当たり前の風景……

土井中踏切
伊予宮野下駅近くにある踏切の名はズバリ「ドイナカ」インスタ映え間違いなし

Profile

坪内政美 つぼうち・まさみ

1974年9月9日香川県（うどん県）生まれ。スーツ姿で撮影するという奇妙なこだわりをもつ四国在住の鉄道カメラマン・ロケコーディーネーター。「学研・LIVE鉄道図鑑」など各種鉄道雑誌や、のりものニュース等のフェブ記事を手掛ける等執筆活動もする傍ら、地元四国を中心にテレビ・ラジオにも多数出演。駅スタンプの製作寄贈や町おこしを目的とした列車をプロデュース、鉄道イベントやグッズの企画・製作・監修を務める等、鉄道に関わる活動を積極的に行っている。乗り物酔いをするが線路のあるところを追って全国を駆けずり回るため、愛車である1997年製日産セドリックの走行距離は2025年1月現在113万Kmを超えてしまった。著書に『100万キロを走ったセドリック』（天夢人）、『駅スタンプの世界』（イカロス出版）など多数。

撮影／西本篤司

第1章

珍

北海道東北

国鉄士幌線跡 タウシュベツ川橋梁
春に現れ、秋に水没する幻の橋梁跡

〔北海道〕

旧国鉄士幌線のタウシュベツ川に架けられた鉄道橋である。割石をコンクリート製の枠内に詰めて建設されたアーチ橋であったが、1955年に糠平ダム竣工とともに湖の底に沈められる。水位の変化により春には姿を見せ始め、秋には再び水没してしまう。

11連アーチ橋は1937年建築。いま崩壊の危機に……

まるでローマの古代遺跡！ここは日本です

石北本線上川駅ホーム屋根のモデルはこの橋梁なのか？

橋梁に通じる林道へは営林局の許可証と門扉の鍵が必要

016

第1章 珍 北海道東北

北海道　JR釧網本線 北浜駅
名刺だらけの駅

この駅に個人情報保護法は通用しない！

一時よりかは減っているが、旅の足跡となる名刺張りは健在！ 最近は日本語ではない名刺も増えてきた

1986年に駅事務室を改装してオープンした喫茶「停車場」が駅には入居しており、自家製カレーがいちおし

北海道　JR石勝線 東追分信号所
まるでイモムシから脱皮する特急「おおぞら」

ドラえもんの道具でこんなのあったような……

これは風雪から線路のポイントを守るためのスノーシェッドで、この場所は2016年まで東追分駅があった場所。現在は信号所である。数あるスノーシェッドでサイドから撮影できるのは珍しい。

スノーシェッドはザ・北海道の珍風景

踏切からイモムシ内部を望む。ちょうど列車が退避していた

北海道 JR室蘭本線 伊達紋別〜長和間
立って歩けない ギリギリ高架

タクシーも車種によっては通れない車もあるそうだ

伊達紋別市内にあるJR室蘭本線をくぐる市道古川線。この高さ1.55mと北海道最狭を誇る。1968年に本線を複線化した際にこのような形状になったという。意外に車の往来が多い。

まさかの広大な北海道の地に狭小高架が存在するとは！

> 私の身長は183cm。屈まないと通れません

北海道 JR根室本線 旧幾寅駅前
映画「鉄道員(ぽっぽや)」の珍車キハ12形が生きている

どことなく西日本のキハ41形に似ている

高倉健さん主演の映画「鉄道員」劇中に登場するキハ12形の続番となった23号は、このためにキハ40形765号を改造されたもので、廃車後も舞台となった幌舞駅（旧幾寅駅）前に展示されている。
※2024年3月に幾寅駅は廃止された

> これは！どこでもドアから飛び出したような……

なんちゃってバス窓がなんともかわいい

第1章 珍 北海道東北

北海道 国鉄幌内線跡 三笠トロッコ鉄道
旧幌内線に次々と変わったトロッコ大集結

16号車
ラピタ8号車は
ジープのグリルを
着けてみました

1987年に廃止されたJR幌内線跡を利用した往復7.6kmあるトロッコ線だが、そこを走るトロッコ車両がユニークというかゲテモノぞろいで楽しい。普通免許があれば操縦もできる。

真ん中のディーゼル機関車の元車はなんとタウンエース！

**秘密のトンネルを走る
　オート三輪も見逃せない**

北海道 三井芦別鉄道跡
十数年この鉄橋を渡りきれないDD501形

芦別から国道452線を走っていると1989年に廃線になったはずの鉄橋を渡ろうとしている貨物列車が見える。かつては雪対策で保存先から疎開させていたそう。現役にみえる新しい保存スタイルだ。

炭山川橋梁も国の
有形登録文化財に
なった

入山～中の丘駅跡の間にある鉄橋。なお、立ち入りはできない

**誰か時間を止めたのか？
　時間よ、ススメ～**

北海道 国鉄札沼線跡
田園地帯に取り残された
コンクリート橋

> これが元鉄道の橋梁だとは、だれも気付かない

一見、古墳かなんらかの遺跡に見えてしまう不思議な風景

札沼線は札幌と留萌線石狩沼田間を結んでいたことから名づけられた路線名である。1972年に石狩沼田〜新十津川間が廃止されてほぼ半世紀。碧水〜北竜駅間は築堤が解体され、橋だけが残る。

ひっそり佇むこの橋が 当時の鉄道を物語る

北海道 北海道新幹線 新函館北斗駅
E・H 2つの
5系がランデブー

> 曇った日のレンズは広角がおすすめ！

東北・北海道新幹線で活躍しているJR東日本所属E5系とJR北海道所属のH5系、ほとんど見分けのつかない、この2本の車両が一日1回並ぶ奇跡の瞬間がある。13時39分に新函館北斗駅を出発するE5系東京行きはやぶさ32号に13時33分に到着するH5系はやぶさ13号だ。※平日時刻

ホームに案内看板もあるが、この事は記載していない！

同じ車両でも形式名・サイド帯が違うのもじっくり観察できる

約6分間の奇跡を見逃すな！
サイドのエンブレムも注目だ

第1章 珍 北海道東北

北海道 富良野線 西聖和駅踏切
踏切注意はSL!? 電車!? まさかの気動車!

ちなみにこの富良野線は架線のない非電化区間!

SLはノロッコ牽引でありうるが、電車はさすがにあり得ない

よーく考えてみると気になる煙突にパンタグラフ!

県道68号線旭川空港線を横切るJR富良野線踏切には2種類の踏切注意が並ぶ。しかもこの踏切、やってくるのは気動車で富良野行2両編成はホームが短いことで道路にはみ出して停車してしまう。

北海道 函館市周辺
北海道新幹線 H5系ダンプを目撃セヨ!

この色合い、意外と似合う……

これを自家用車に施すと、かなりヤンチャに

すれ違い様に目撃し、予定そっちのけで追跡し許可もらって撮影に成功

2024年も無事に現役を目撃! H5系ダンプの活躍願う

2016年北海道新幹線が開通した折に、函館市内は路線バスをはじめ、路面電車、タクシーと公共交通機関の車両にJR北海道所属の新幹線H5系の塗装を施した車両が次々と出現し、開通ムードを演出していた。そんな中、ファンの間で話題になっていたのがH5系ダンプだ。

北海道 JR千歳線 平和駅

これは平和でない！
乗り遅れ必至の長大通路

橋上駅ではなく、ホーム上ですべての施設がまとめられている

南口から長い人道橋をご覧あれ。貨物ファンには知れた名所だとか

駅スタンプは、平和だけに鳩と「しあわせの発信地」とある

ひぇーこれは、動く歩道がほしい

駅に着いてまず島式のホーム上に駅舎！ しかも有人駅で驚き。さて出口はと跨線橋を上がると約300mの長大通路地獄に見舞われるのだ。これは柏山跨線人道橋といい、札幌貨物ターミナルで分断されてしまった南北の自由通路として2002年に整備されたもの。

地元では格好のジョギングコースになっている

第1章 珍 北海道東北

北海道 旧JR深名線 天塩弥生駅

待っても列車は来ません！
その正体は駅舎宿?!

これで
両運転台キハ53形が
あったらなぁ

古き良き昭和40年代を
彷彿させる駅舎が蘇った

この駅の首席助役の富岡達彦さんと駅長の由起子さん

駅看板も再現されている。警戒標識は「空気乾燥」

　1995年深名線廃止とともに廃駅、その後更地となった同駅。しかし2016年、元鉄道マンのご夫婦が跡地に再び駅を建ててしまった。昼間は食堂として、また夜は民宿を営業。ホワイト・グリーンシーズンと宿泊できる日が決まっているので要チェック。以前はご夫婦がパーソナリティーを務める地元ラジオ番組に宿泊者が出される特典?!　があった……。

北海道 JR北海道

謎の箱 "マヤ" が道中を走りまわるワケ

北海道では時刻表には乗っていない不思議な列車が走っている。緑色の箱が北海道の路線を隈なく走るその列車は「マヤケン」といい、事業用の軌道検測車である。約半年に1回走るか走らないかの貴重な列車で、走りながら線路のゆがみなどを調べるドクターだ。

全国に北海道のみ1両という貴重な車両だ

形式名はマヤ35。JR東日本East i-Eがモデルとなった

マヤ35-1

この日はキハ40系プッシュプルで石北本線を検測。機関車牽引も行われる

過酷な北海道の線路を調べる、縁の下の力持ち！

北海道 旧国鉄広尾線 幸福駅跡

"幸福から愛国へ" 大ブームを巻き起こしたあの駅は今！

1987年に廃止されてしまった国鉄広尾線の駅だが、その縁起のいい名前から未だ駅前では記念きっぷが発売され、駅舎もそのままに北海道を代表する観光名所になった。日本一幸せな廃駅です……。

見る者を圧倒する無数のメッセージカード！

中もご覧の通り。人はそんなに幸せにあやかりたいのか

廃止後もたくさんの人が訪れる日本一 "幸せ" な廃駅

024

第1章 珍 北海道東北

北海道 帯広市

これは泊まってみたい！
公道を走る噂の「北斗星」

正面はDD51ディーゼル機関車が鎮座

私は2024年3月31日幾寅駅最後の日にも駆け付け、エールを送った

その名は「北斗星ファーゴ」
鉄道ファン垂涎のドリームカーだ

2015年惜しまれつつ運用を終了した寝台特急北斗星。だが北海道には、いまだ走り続けている北斗星がいる。北海道・池田町に在住する坂田稔さんの愛車「北斗星ファーゴ」だ。1995年式いすゞのファーゴをベースにDIYでコツコツと仕上げていった力作でそのリアリティーに脱帽だ。

ちゃんとテールランプも点灯。後姿がザ・24系でかわいい

なんと自作のパンフレットまで製作。これはほしい！

解放式B寝台に食堂車グランシャリオが……これは参った

1997年式坪内カーとの夢の並びが実現！ お互い維持が大変です

[北海道] **JR宗谷本線 糠南駅**
ないよりはマシ！
待合室が物置！

物置が待合室なのは、全国で石北本線東雲（現在は廃駅）と糠南（ぬかなん）という、どちらも北海道だった。やはりビジュアルでこの駅は強烈な佇まいを見せている。1日の乗客数はほぼ0人。幾度となく廃駅の危機に瀕している。

幌延町は重要な観光資源として維持を表明。応援しています

毎年クリスマスイブには、早朝パーティーが行われるとか

まるでドリフのセット
ひっくり返るオチはあるのか

[北海道] **JR宗谷本線 稚内駅**
さぁ行こう！ここが
日本最北端の駅

今の駅舎は4代目として2012年に開業したもので、3代目駅舎から100m程内陸に移動しているため、最北端の終端も短くなっている。窓口では最北端来駅記念の入場券が発売されている。

以前はここが終端だった。これはモニュメントだ

ホーム端には日本最北端の記念柱が建てられている

ここから鹿児島県、
　指宿枕崎線枕崎駅まで、
　　2本の線路が続いている……

第1章 珍 北海道東北

北海道 JR根室本線 東根室駅
さぁ行こう！ここが 日本最東端の駅

駅前は売店もなく記念柱があるのみ

この緯度経度は誤差が生じていたため、1度書き直されている

日本最東端の駅は1936年開業の無人駅である東根室。ちなみに有人駅になると隣の根室駅になる。東根室駅のスタンプは根室駅で押すことができる。周りは住宅地でちょっとしたロータリーがあるだけ。2025年3月15日で廃止されることに。これはつらい!!

2025年3月に廃止決定！今のうちに訪問だ！

北海道 JR室蘭本線 小幌駅
行けるのは列車のみ！究極の秘境の駅

貨物・特急列車は高速で通過するので注意だ

秘境の駅では東の横綱！

長万部駅でかにめしを買ってここで食べる幸せ

　アプローチ道路も山道もなく、トンネルとトンネルの僅かな立地に1日数本の普通列車のみでしか行けない。もはや何のためにあるやら分からない駅であるが、訪れる観光客が年々増える程の観光スポットだ。

[北海道] 函館市交通局「花電車」
函館の花電車、その名は装形1・2・3号！

ハコダテのささやかな
○レクトリカルパレード！

走る姿はまるでテーマパーク♪

毎年8月1〜5日まで開催される函館港まつりの開催中のみ、市内をパレードする電車がある。いわゆる花電車のことで、なんと函館市交通局は3両も保有しているのだ。種車は1936年製300形で1970年に引退した車両を改造している。

[北海道] 札幌市営地下鉄南北線
車輪の代わりゴムタイヤ履きました！

走行音も独特。
心して聞け！

軌道も独自のシステム。ポイント切り替え時ガードが上下する

なんとパンクを検知する装置も設置している

1971年に営業を開始した札幌市営地下鉄。現在3路線を有し市民や観光客の足として欠かせない。そんな地下鉄を走る車両には日本でもここだけだというゴムタイヤで走っているのだ。これは地上区間を走行する際の騒音に配慮したもので、世界でも珍しいという。

世界でも「札幌式」という、独自のシステムだとか

028

第1章 珍 北海道東北

北海道 JR北海道 キハ201系
日本で唯一！
電車と一緒に走る気動車！

この車両は電車!!
パンタグラフが
ついている！

このイカツイ顔をした車両は、電車ではなく気動車。しかも強力なエンジンを2基搭載したお化けディーゼル車で、小樽〜札幌間では、同じ顔をした電車と連結して走ってしまうのだから侮れない。なお、最高速度が驚異の時速120km。

側面にある車両記号、気動車を表す「キハ」がその証

**電車には負けたくない
北海道のお化け気動車！**

北海道 函館市交通局「ササラ電車」
冬の風物詩
ホウキ電車

列車の前に
飛び出しているのが
ササラだ

路面電車の除雪に欠かせないのはササラ電車だ。ササラとは車両の前につけた竹ぼうきの事。それを回転させながらレールに付いた雪を弾き飛ばす。函館市電で活躍するササラ電亘は元東京市電の車両が使われている。

早朝始発前に路線を一巡する

**ライバルはレレレのおじさん！
負けないくらい線路をはきまくる**

[青森県] JR五能線 木造駅
巨大な土偶駅舎

思わずのけぞってしまう、
17mの巨大文化財に圧巻！

第1章 珍 北海道東北

亀ケ岡石器時代遺跡から出土した遮光器土器をモチーフにした駅で1992年に建てられた。地元では"シャコちゃん"と呼ばれて親しまれている。左足がないのは出土した状態を忠実に再現しているため

駅スタンプもシャコちゃん。
有人窓口で押すことができる

夜の木造駅。なんと目の部分は列車が近づくと6色に光るとか！

見よ、この迫力！ ぜひ広角レンズ持参がおすすめ

青森県 弘南鉄道弘南線 田んぼアート駅

田んぼのど真ん中にアートな駅を作ってしまいました！

第1章 珍 北海道東北

列車からは見えないのだろうなぁ
　　　見えないなぁ……

開業は2013年。有料展望台からも駅全景がよく見える

駅には朝・夕と冬季は停車しないという半臨時駅扱い

奥に見えるは岩木山。田んぼアートの他に砂利アートも楽しめる

青森・田舎館村は、稲の種類を植え分けて地上絵を描く町おこしをする村として名高い。役場もお城風に建て替え、天守閣を設けて展望台にするほどだ。その第二ステージとして弘南鉄道沿いの広がる田園に田んぼアート駅を設けてしまった。

これ、合成ではありません！ 田んぼじゃないけどアートです

[青森県] 弘南鉄道大鰐線 石川駅
死にます看板

なんともストレートな看板！

> 2027年度で廃止を前提に休止されることが決定！この看板の運命やいかに!!

線路やホームでふざけていると、最悪の場合、死にます。

石川小学校PTA

さすが、石川小PTA！それにしても駅員がカッコよすぎる……

この看板、約15年前から石川駅と津軽大沢駅で掲げられている。なぜなら、子ども達は大鰐線の電車を使って通学しているからだ。なんとも羨ましい。ちなみに私が小学生の頃は道路の歩道を線路に、縁せきブロックや店先を駅に見立てて、自宅までの約2kmの道のりを脳内鉄道で楽しんでいた、ヘンな小学生だった。

石川駅も珍風景だ。どうして柱の下を絞っちゃたのか、このアンバランスがまたいい駅舎だ

第1章 珍 北海道東北

青森県 青函トンネル入り口 トンネル神社
青函トンネルを見守る
神社＆H5系トイレ

本州と北海道を結ぶ青函トンネル。本州側の入り口は青函トンネル入口広場として展望台も整備され、何とトンネル神社まで建立されている。ご神体は貫通した際の石！ご利益ありますように。

本坑貫通石は本殿のほか隣の祠にも祀っている

駐車場にはH5系風トイレが。青森なのにE5系でないところが悩ましい

数ある鉄道神社でもっとも新しい神社

青森県 八戸市内 まべち公園
こちらはE2系
「はやて」トイレだー

どこからどう見てもE2系はやて！運転台も再現

二両編成のはやて。入口の大きさからかなり大きいのがわかる

東北新幹線八戸延伸で青森にも待望の新幹線がやってきたのは2002年のこと。そんな期待感を形にしてしまったのが八戸線本八戸近くにあるこのトイレ。馬淵川沿いにある、まべち公園にある。

お乗り遅れのないようご注意を！

青森県 JR八戸線 鮫駅

恐怖！ジョーズのいる駅

さぞかし海岸に頻繁に鮫が出没するか、名産が最高級フカヒレかと思いきや、全く「鮫」とは無縁で、津軽弁で「沢」がなまって付けられた名が由来だとか。すっかりジョーズにアヤカッテしまっています。

鮫の中からでも、頭を突っ込むのもよし 撮り方はいろいろ

つべこべ言っていると、食べてしまうぞー

見よ！　この迫真の演技を。なかなか態勢が大変です

青森県 JR五能線 艫作駅

船が突き刺さった!?　青森の超難読駅

この船の上は、どうなってるのだろう？

2010年に建て替えられた駅舎。こちらはホーム側から

難読駅のコーナーにも掲載している（P.151）が、こう書いて「へなし」と読む。決して船のヘサキを作っていたのではなく、地形が船の舳先に似ているところからの由来だそう。しかし駅舎はかなり意識してしまっている。

まさか、舟を縦に突き刺すとは……

第1章 珍 北海道東北

青森県 青函トンネル記念館「もぐら号」
海面下140mの地下世界へ
本州最果てのケーブルカー

形式名はセイカン1号。まるでタイムマシーンだ

まさに"もぐら" 無骨なスタイルに 男臭さが漂う

元々は青函トンネル工事で使用していた作業員移動や物資輸送を任とする作業用ケーブルカー。トンネルにある2つの定点のうち、本州側の竜飛定点に繋がっている。現在は体験坑道ツアーに使われており、ガイドのもと、実際に作業坑道を歩くことができる。

地下の体験坑道駅へは勾配25%約7分で到達する

ビーコン音を出しながら約800mを下っていく

記念館の右側のコンクリート建物がケーブル乗り場だ

037

青森県 旧南部縦貫鉄道「元祖レールバス」
軽快気動車の さきがけ

バス窓にモノコック。なんとエンジンはバス仕様

操縦はギアチェンジで行う。まさにバス

1997年休止、その後廃止となった南部縦貫鉄道。名物車両であった1962年製元祖レールバス。今でもその勇姿が見れる。終着駅で車庫もある旧七戸で保存され、定期的に走行イベントが開催される。

トミカさん、ミニカー化希望です

青森県 ウェスパ椿山 展望モノレール
あの列車にそっくり!? なんちゃらスロープカー

所要時間は約15分。日本海や白神山地を望む

2000年に開業した、JRウェスパ椿山駅と風車の丘白神展望台とを結ぶ全長561mのスロープカー。道中JR五能線と国道とをオーバークロスする2両編成の車両は2017年登場の2代目。よく見るとあの車両そっくりである。

このスロープカー「しらかみ号」という!

ひょっとして似ているのはこの列車?

038

第1章 珍 北海道東北

秋田県 JR五能線 能代駅
ホームでフリースローの
バスケ駅

バスケットボールの名門、能代工業高等学校がある能代駅1番ホームには、なんとバスケゴールがある。が、これはいつでもできるものではない。リゾートしらかみ1・3号の乗客のみが楽しめるのだ。

チャンスは1人1回。このボール、ゴールするか〜

五能線を代表する能代駅は2面2線の対面ホームを有する

見事ゴールして、記念品をゲットしよう!

宮城県 JR陸羽東線 鳴子温泉〜中山平温泉間
車窓で待つ巨大こけし

4mはある巨大こけし。列車とのコラボもこの通り

鳴子温泉駅前の歩道欄干の柱もなんと、こけしが

鳴子温泉といえば、橋の欄干からガードレールまで「こけし」のオンパレード。鳴子温泉駅から新庄方面に向かって右側の車窓に注目。「岩下こけし資料館」の巨大こけしが見守ってくれています。

名勝鳴子峡を見る前に私を見て……

[秋田県] JR奥羽本線 糠沢駅

こちらはギネス認定の大太鼓が駅舎に

田園地帯に目立つ大太鼓は2009年に立て替えられた糠沢駅である。約700年近く続く伝統芸能「綴子大太鼓祭り」に使われる世界一の大太鼓をモデルにしている。なお本物は近くの道の駅に展示されているという。

直径3.9m、幅が3.7mとほぼ原寸大の大きさに造られているという

内装はいたってシンプル！ お手洗いはなし

ご丁寧に2本のバチまで備えている

製作費は1300万！北秋田の隠れた名所がここに！

[岩手県] 三陸鉄道リアス線 大槌駅

駅舎がヒョウタンの形なのはあの番組のモデル？

屋根の部分がヒョウタンの形になっている

東日本大震災の津波によって破壊されてしまったJR山田線大槌駅は数年かけて2019年に見事三陸鉄道の駅として復活を果たした。駅舎はなんと、ひょうたん型！ これは1964年から5年間にわたりNHKで放送されていた人気人形劇「ひょっこりひょうたん島」に登場する島のモデルの一つとなった蓬莱島の最寄りだからだ。

屋上には展望台も設置、駅内レストランには新巻鮭ラーメンが名物だ

駅の愛称が「鮭とひょうたん島の町」まさに町のシンボル！

駅前には姪キャラクター、ドン・ガバチョ像もお出迎え

第1章 珍 北海道東北

秋田県 JR北上線 ほっとゆだ駅
浴室に鉄道信号!?
赤信号の意味は？

駅舎の大半は温泉施設。駅前には無料の足湯も併設されている

信号は3灯式。黄色は接近30分〜15分を表す

温泉併設駅は全国で約20駅あるといわれている。東北を代表するほっとゆだ駅は1989年にオープン。駅名も陸中川尻駅から改名された駅である。信号機の赤は列車接近15分前を表している。入浴は時間にゆとりをもって！

乗り遅れ注意！乗り遅れると　次の列車まで約2時間は来ない……

福島県 JR只見線 会津坂本駅
ヘンテコ駅舎は元貨車で
描かれているのはキハ？

元々はワムという貨車で今はキハが描かれている不思議な駅舎

着ぐるみもある！モデルはなんとキハ40系

サイドからみると普通の駅舎に見えるが……

キャラクターの方はおでこの行先が「只見」、こちらはちゃんと「会津坂本」になっている

2022年10月、11年ぶりに全線復旧を果たした只見線。駅には東日本でも貴重となった貨車改造駅舎が存在し、しかも現在は何ともかわいいイタ車に！　このキャラクターは只見線活性化協議会の只見線応援キャラクター「キハちゃん」だ。

福島県 JR奥羽本線 板谷駅

廃駅だと思いきや、新幹線も通る秘境駅！

突如通過する山形新幹線つばさ。不思議な取り合わせだ

1990年まで板谷峠のスイッチバック駅として、峠駅同様、鉄道ファンに絶大な人気を誇っていた板谷駅。山形新幹線開通によって大きく様変わりしてしまった駅だが、今も、ところどころに昔の名残が残っている。嗚呼、機関車牽引の普通列車が懐かしい。

新幹線と秘境駅との異空間を体感する駅

旧駅も色濃く残る。かつてのにぎわいが嘘のよう

1日数往復の普通列車が停車する。3時間待たされることも

手前の線路も生きている線路。保線車両の引き込み線だ

第1章 珍 北海道東北

福島県 福島交通飯坂線 曾根田駅

行き違いしている様で、実は待合室の電車！

２号車はなんと、自習室となっている

空調は通年23度に設定されている

　この写真、上りと下りの列車が行き違っているように見えるが、右側の電車の行く先の線路が両方とも分断されているのが分かるだろうか？　この電車、実は駅の待合室で、2019年に引退した7000系が休憩スペース「お休み処ナナセン」として2022年にオープン。通常の入場券で外部からも利用できる。

1991年に譲渡された元東急の車両で東横線時代のつり革・広告を復元

福島県 福島交通飯坂線 医王寺前駅

無駄なスペース一切なし！極狭駅舎！

電車の接触ギリギリに詰め込まれたきっぷ窓口兼事務所

ちゃんとトイレも完備なのがすばらしい

　1925年に仏坂上駅として開業するものの、およそ1年後に現在の駅名に改名された歴史をもつ。電車が対向出来るように1面2線で道路と私有地に挟まれた極狭スペースなのに、なんと有人駅である。

ぜひ模型商品化を希望しますっ!!

043

[山形県] **JR仙山線 山寺〜面白山公園間**
車窓で待つ巨大芋煮鍋

山形の芋煮は日本一〜
食べにおいで

> ゆうに直径2mは
> ある巨大鍋。
> 一体何人前
> なんだろー

こちらは車窓から巨大鍋がみられるスポット。仙山線山寺駅を出てすぐの立谷川橋梁そばにある。鉄道と絡められるのはここ一カ所だけだが、山形にはいたるところにこのような巨大鍋が鎮座する。

[福島県] **会津鉄道 湯野上温泉駅**
日本昔話にでてきそうな藁ぶき駅舎

囲炉裏は日中8:30〜16:30
まで火が入る

> 駅横には足湯も
> 設置されている

日本ではJR九州九大本線の豊後中村と湯野上温泉だけの藁ぶき屋根をもつ駅。最寄りになっている大内宿にならって、会津鉄道転換直後の1987年に建てられた。屋根は過去に一度葺き替えを行っている。

日本鉄道賞も受賞した
重厚な佇まい

044

珍 関東

第2章

東京都 JR中央・総武線・東京メトロ丸ノ内線
奇跡の瞬間！
御茶ノ水ランデブー

丸の内線2000形も手堅く撮影できる

中央線御茶ノ水駅聖橋口から徒歩2分。東京の最強撮影スポット「聖橋（ひじりばし）」。ここで狙いたいのは中央・総武線そして東京メトロ丸ノ内線で繰り広げる3線同時交差、「御茶ノ水ランデブー」だ。

キター!! だけど丸ノ内線がケツ打ちに……
これはまたリベンジだ〜

右から左からそして下から、
　　　揃えばきっといいことある!?

046

第2章 珍 関東

東京都 JR山手・横須賀・総武線 235系
最新鋭の通勤電車は見返り美人

ホームドアから見やすいようにカラーラインが縦だ

山手線に2015年デビュー、そして2020年に横須賀・総武線快速としてデビューした235系。デザインは豪華クルーズトレイン「四季島」の奥山清行氏が手掛けた。注目はホームで走り去る時の後ろ姿。月替りで花のデザインが変化、ある一定以上のスピードでイラストが 出現する。走り際にさりげない粋な演出が シビレル……。

今度の新車は
スタイリッシュだけど、
ちょっとお洒落さん

表示は3秒毎に切り替わる。撮影も気が抜けない。しかも月替わり！

東京都 銀座8丁目
なぜこんなところに？
朽ち果てた踏切がポツン

東京・銀座の街角にポツンと立つ鉄道踏切！ かなり前からあるようで、年代物がうかがえる。銀座郵便局脇にあり、横切る小道は元築地市場の方へと向かっている。これは1980年代に廃止された国鉄東京市場駅（元築地市場）への引き込み線であり、廃止を偲んで1987年に保存されたという。銀座に鉄道が走っていたという証なのだ。

さりげなく、経緯が記された銘板がはめ込まれている

この小道も日本で最初の鉄道の起点駅新橋（後の汐留貨物駅）から続く引き込み線跡だ

踏切名は「浜離宮前踏切」。今も立ち続ける

正体は
「銀座に残された唯一の鉄道踏切信号機」

[東京都] JR東京駅
東京駅の中にもう一つの東京駅が……

投函するのに入場料が掛かります（笑）

注意・風景印希望は左側の口から投函すべし。これは自分宛てに出してみたい

日本鉄道の聖地、東京駅はやはり美しい……

東京駅丸の内中央改札口にある郵便ポスト。2012年に東京駅復原リニューアルした際に設置されたもので、全国でも珍しい「駅舎型」である。色合いといい、建ち姿といい、勝手にポストの最高峰と思ってしまうのは私だけだろうか？　ちなみに、投函するとオリジナルの風景印が押される。

なんとなく、鉄道郵便ポストの最高峰と思ってしまう、その建ち姿

[東京都] 東急電鉄池上線 池上駅
シンプルだが、鉄道ファンの心をくすぐる〒

以前渋谷駅前にあった5000系アオガエルは現在秋田県で保存

色を見てアノ車両だと分かったら、もう東急通！

こちらは、ただ単にポストの色を変えただけだが、この色が鉄道ファンの触手を揺さぶるのだ。その名も「きになる電車ポスト」は2021年3月、南口に紺色と黄色のツートンで登場。かつて池上線と旧目蒲線で走っていた塗装だ。さらに北口にもアオガエルと呼ばれた5000系に塗られていた緑のポストも登場している。これは油断ならない。

開設に合わせて実際の車両にも同様の塗装で復刻運行していた

油断するな！
気になるアノ車両ポストは２つある！

第2章 珍 関東

東京都 JR品川駅 コンコース
品川駅のクモユニ74001

分かる人には
わかる
車両チョイスの謎

品鶴（ひんかく）という旧貨物線（現・横須賀）線の0キロポストでWポストに!!

大宮がダジャレ型、東京が駅舎型、そして品川は電車型しかも荷物郵便車をかたどるあたりはなかなかの猛者ですな。品川駅改良・ecute品川の開業を記念して2005年に設置されポストだ。

埼玉県 JR大宮駅 コンコース
鉄道の街だけに、ポストもカエル!?

このダジャレ、
分かって
くれるかなぁ

4カ所は鉄道部品で出来ています。
どれでしょう？

お客様が無事に帰るという願いを込めてカエルとしたという、大宮駅の郵便ポスト。大宮駅開業120周年を記念して設置された東京駅舎風ポスト・品川の電車ポストに並ぶ三大鉄道ポストの一つだ。

（神奈川県）相模鉄道 9000系

東の相模、西の阪急
伝統の自動窓対決?!

相模鉄道伝統の自動窓 実は日本初の装備だった

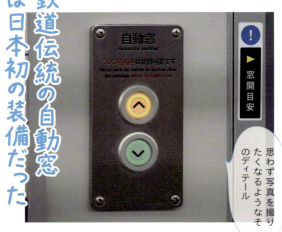

思わず写真を撮りたくなるようなそのディテール

9000系までの各型式に自動窓を採用している

　9000型車内にあるこのボタン。スイッチを押すと、車と同じ様にパワーウインドで窓が開く仕組みなのだ。同様の自動窓は大阪・阪急電車7300・9000系等にも採用されている。

（神奈川県）JR鶴見線 海芝浦駅

外に出られない駅!?

工場関係者以外は改札も通れない 違った意味での秘境の駅

この駅自体、工場の私有地にあり、工場側に向けての撮影も禁じられている

駅からは、隣接する京浜運河が一望でき、ホーム内で隣接する海芝公園が唯一、駅から行くことができるフリースペースだ

050

第2章 珍 関東

埼玉県 JR武蔵野線「むさしの号」
摩訶不思議
消える魔球電車

> ミステリー作家のみなさん、この列車のこと知ってました?

乗ってもますます訳が分からない

中央線八王子駅から東北本線大宮駅間を武蔵野線経由で結ぶ直通普通列車「むさしの号」。是非そのルートを時刻表の地図でなぞって欲しい。どうやっても、たどり着けないのである。その秘密は貨物専用線を通るトリックだが、乗っても多分、訳が分からないのは必至だ。

千葉県 小湊鐵道 里山トロッコ
なんちゃってSLが引く
トロッコ列車

> ディーゼル機関車だが、ちゃんと煙も再現

硬派な小湊鐵道が走らせている、東のなんちゃって蒸気機関車。牽引はトロッコ車という観光列車である。2015年から運行開始した里山トロッコは、かつて活躍していた北陸重機工業製コッペル蒸気機関車をモチーフ。

週末を中心に上総牛久〜養老渓谷間を運行している

051

栃木県 真岡鐵道 真岡駅
これはデカイ！
巨大SL駅舎発車！

「SLもおか」を運行している真岡鐵道の中心的役割を担う真岡駅舎は、まさに巨大SL。1997年に建てられ、真岡鐵道本社をはじめ、3階にある真岡市情報センターでは、SLの資料館も併設されている。

> 煙室扉の部分は展望デッキになっているぞ

動輪の数からこれはC形がモデル？

群馬県 上信越自動車道横川SA（上り）
SAなのにキハ57形が！

キハ57形26号の正体は九州から来たキハ58形！

> おかもちの掛け声が聞こえてきそう……

一見、地下ホームに見えてしまうこの風景、実はサービスエリアである。2009年に峠の釜めしおぎのやさんが昭和30年代の横川駅を再現したもので、もちろんあの名物駅弁を車内で食べることもできる。

車内も忠実に再現。ちなみにデッキは新たに新製されたものだろう

052

第2章 珍関東

群馬県 JR上越線 土合駅
下りホームまで約10分！
日本一のモグラ駅

駅員がいたころは、下りは10分前に、改札を締め切っていたとか

1936年に臨時乗降場から駅へ昇格された同駅。1967年に新清水トンネル開通によって下り線ホームは70mの地下に設置されたことで、駅に出るのに486段の階段を上らないと、たどり着けないのである。この写真を見ると途方に暮れる。

バリアフリーってなんでしょう？

右のくぼみはエスカレーターを付ける用地だった！

東京都 JR東京駅
ここも東京駅入口？
東京ミステリーへようこそ

有楽町駅からなんと特例で地下の京葉線ホームへ抜けれるという

勇気を出してとにかく突き進むとたどり着いたのは……

こ、これが東京駅！「じゃ、京葉丸の内口でね」と待ち合わせると、まず分からない

日本を代表する駅、東京駅。赤レンガ駅舎が素晴らしい丸の内口と近代的な駅舎に生まれ変わった八重洲口と大きく分けて2つの出口があり、さらに細かく分けると16口あるといわれている。その中にファンの間で「京葉丸の内」と呼ばれている出入り口がある。しかしその場所、ほとんど次駅である有楽町駅が近いのである。本当に東京駅に行けるのか？

丸の内中央口から徒歩10分もかかる、秘密の通路は地下の京葉線へ

神奈川県　湘南モノレール

浮遊の15分！街中のジェットコースター

全線乗って大人片道320円！一日フリーならなんと610円！

JR大船駅から湘南江の島を8駅で結ぶ全長6.6kmのモノレールだが、懸垂式というぶら下がって走るため、その体感は不思議なものであり、アップダウンの激しい山や谷の多い鎌倉の街中をブンブン駆け抜ける様はまるでアトラクション！ これに毎日乗って通勤・通学しているなんて、何とうらやましい。でも私は確実に酔うなぁ。

大船駅から5000系ミサイル発射！

見よ、この迫力ある走りを。これが頭上をすり抜けるスリルも味わいたい

最高時速はなんと75km！下を走る50km道路より速い……

神奈川県　小田急電鉄片瀬江ノ島駅

地元からも愛される伝統の竜宮城駅舎に脱帽！

2020年完成した駅舎は、さらに気品と華やかさをアップ

全国の珍駅舎の中でも、ずば抜けてイッチャッテいる片瀬江ノ島駅。まさに竜宮城である。それも開業した1924年の初代からこの竜宮スタイルを貫いていたというから脱帽である。また2020年の東京オリンピック開催の際にセーリング競技の最寄りとなるため、改築をした際に地元からの竜宮城形を維持するよう熱望されたという。

改札内には15mにも及ぶ龍の彫刻が！ もはや観光名所です

夜はライトアップされる。これは見に行きたい

正面奥に見えるのは、クラゲの水槽！あとは乙姫様がいてくれたら……

054

第3章 珍中部

新潟県 北越急行ほくほく線 くびき駅
越後に降り立ったUFO駅舎

待合室になっている内部もなかなかの異空間ぶり

コレハ、エキウラジャー

概念を打ち破った奇抜なデザインに衝撃

1997年同鉄道開通と同時に開業した駅で、旧国名「頸城」をひらがな化した駅名が採用された。建築家で銀座長州ビルや釧路市立博物館などのデザインを手がけた毛綱毅曠（もづな きこう）氏によるもの。

新潟県 JR上越新幹線(上越線支線) ガーラ湯沢駅
デパートのような巨大臨時駅

なんと温泉施設まで入っている

日本最安値で新幹線に乗ろう

越後湯沢駅から250円で新幹線に乗れる

「直接新幹線でスキー場へ乗り入れたい。」という社員の発案で1990年に開業した冬季限定の臨時駅である。法規上、越後湯沢〜ガーラ湯沢間は在来線扱い。「ガーラ」とは英語で祝祭を意味する。

第3章 珍 中部

新潟県 えちごトキめき鉄道日本海ひすいライン 筒石駅

ここにもある！階段だらけのモグラ駅！

1969年に北陸本線の地下化によって移転を余儀なくされてしまった同駅。結果約300段の階段を有するモグラ駅となる。現在は無人だが、有人時代は駅員が安全管理で全列車に合わせて地上から降りていた。

上り下り線で階段の数が異なる

観光列車「雪月花」も見学で停車する

貨物列車通過時は、ものすごいことに……

富山の名物 鉄塔との直接対決！

富山県 富山地方鉄道

列車と闘牛？ウシ型の鉄塔

黒部から鉄塔は電気を、電車は人を運ぶ。まぁ、なかよくしようぜ

定かではないが、昭和20年代後半に建てられた鉄塔だとか

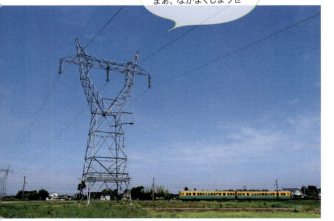

富山市内を走っているこの牛の顔に似た送電線、鉄塔ファンによると烏帽子型で、関西電力の新北陸幹線だという。どこか新幹線に似た名が付いているが、あの黒部ダムからの送電を扱っているとか。

057

富山県 富山地方鉄道 南富山駅
列車よ止まれ!?の構内踏切

駅舎の上にも
謎の踏切がみえる……

> ちょっと止まって
> 安全確認。
> 人も電車も！

南富山駅は郊外電車である不二越・上滝線のホームと路面軌道である市内電車の終着駅。改札へは、市内電車の車庫に向かう線路を渡らなければならない。そこで設けられた構内踏切だが、遮断機の向きが……！

路面軌道の唯一の遮断機は
構内踏切だった

富山県 万葉線 六渡寺駅
駅へはこの黄色い線を
　　　お進みください

駅に似つかないスタイリッシュな
トラムがやってくる

> まさに粋な計らい。
> でもこんなところに
> 駅を？

国道415号近く道路入口に駅の看板があるが、あるはずのホームが見当たらない。代わりに不思議な黄色い線が奥に向かって引かれている。ここは民間の木材置き場。そう、ここを通行しないと駅に行けないのだ。

周りは工場地帯
　　まさに従業員に必要な駅

058

第3章 珍 中部

富山県 富山地方鉄道「特急くろべ」

君は知っているか
日本一短い有料特急

ちゃんと特急料金もかかります。しかも110円!!

車両は何が来るかは、その日のお楽しみ

電鉄黒部宇奈月温泉間に2016年、北陸新幹線開業を機に新設された「特急くろべ」。この特急、運行距離が16.1キロ。所要に至っては約22分で着いてしまう文字通り日本一短い有料特急列車だ。

富山県 富山地方鉄道 特急「アルペン号」

誰もが方向音痴に？
驚愕のジグザグ特急

高い確率でやって来るのは関東の名車 元西武のレッドアロー

ヘッドマークは前後違うデザイン

富山地鉄の特急列車、その運用の複雑さは初心者には難解。この「アルペン号」宇奈月温泉〜立山に行くのに2回もスイッチバックするのだ。徳島発の特急「うずしお」岡山行と同様、途中で寝てしまうと方向がチンプンカンプン。

この列車、いねむり厳禁

（石川県）いしかわ子ども交流センター小松館
「なかよし鉄道」

運転は週5便！ハードルが高い無料鉄道

これが時刻表。恐ろしい本数である

撮影は乗車前に。すぐ車庫にしまわれる

乗るか、撮るか迷うところだ

1977年に廃止された尾小屋鉄道。そのクラシカルな車両に今も乗ることができる、なかよし鉄道。約473mの展示線を往復するだけだが、料金は誰でも無料。しかしその運転本数が超難関。乗り遅れに十分ご注意を。

（福井県）福井鉄道 福武線 ハーモニーホール駅

音楽好きな方はこの本を縦でご覧下さい

駅看板はピアノ風に。何もかもが音楽で凝ってます

奥に見えるのが福井県立音楽堂

福井県立音楽堂の最寄り駅として1997年に作られた無人駅で、音楽堂の愛称であるハーモニーホールふくいから駅名を採用した。ホームとセットで「♭（フラット）」になるように待合室を設計した駅舎に。

記号らしく黒にしてみれば？

060

第3章 珍 中部

福井県 JR北陸本線 新疋田駅
鉄オタの聖地！鉄道写真だらけの駅

駅構内のカーブやすぐそばがトンネルであるため、昔からお手軽に鉄道写真が撮影できることで有名な駅だ。そんな駅待合室は自由に写真を飾れるギャラリーとなっているため、所狭しと写真であふれている。

なつかしい写真も長居必至！

全国から集まった鉄ファンの力作を見よ！

2006年に新築されたログハウス調の駅舎。別荘みたい

福井県 JR小浜線 加斗駅
ここは駅？理容店？美容室？

駅待合室には美容室の入口がある

もともと駅前で理髪店を営んでいたご夫婦が1995年に無人となってた駅に入居。その後ご主人が亡くなってしまったため、男性の理髪ができず、現在は奥さんが女性客のみ完全予約で経営を続けている。

玄関にはちゃんとポールサインが回っている

カト駅でカットしてもらう　この店のためにある駅名だ

061

福井県 福井鉄道「レトラム」
来日して35年！
福井を走るドイツ電車

車内広告などドイツ時代のまま。福井の街に似合う

ドイツ・シュトゥットガルト生まれ、
南国土佐育ち！
第三の人生を越前で過ごす電車

ホームとの調整は車掌さんが手動でタラップを操作する

田原町で乗り入れる、えちぜん鉄道のキーボとランデブー

ドイツ・シュトゥットガルト市電の車両で、土佐電気鉄道（現在・とさでん交通）が1990年に輸入、2000年の引退まで約10年間に渡り活躍したのち、2014年に福井入りした車両である。福井鉄道では「レトラム」として週末を中心に臨時運行を行っている。

第3章 珍 中部

山梨県 富士山麓電気鉄道 富士急行線「フジサン特急」
ご紹介します
FUJISAN48です!!

富士山 on FUJISANだぁ

車両は富士山の反対側を走っていた小田急の「あさぎり」!!

次回の総選挙はいつでしょう?

　3両編成のこの特急列車に描かれている約50のフジサンキャラクターは、151体にも及ぶキャラクターの中から選ばれた精鋭達である。ということは正面に描かれているのはまさかのセンター?　下吉田駅では新旧の「フジサン特急」が並ぶ。

長野県 長野電鉄 特急「ゆけむり号」
運転士さんは
屋根裏掃除へ!?

天井にある運転室の扉を開けると一気に吸い込まれる運転士

座ってみたい「ゆけむり号」のキャプテンシート！

4両と短くなったが、塗装も小田急時代のままなのがうれしい

その乗り方に、思わずお客も振り返ってしまう

　長野電鉄で走る特急「ゆけむり号」。使われているのは2005年に譲渡された小田急電鉄・ロマンスカー HiSE車。展望車であるため運転室はその頭上にあるのだが、その華麗な乗り方に脱帽だ。

063

静岡県 JR東海道本線 三島駅1番線ホーム

いまや三島駅の名物
えぐられてしまったホーム

このホーム、途中でえぐれている箇所がある。これは、伊豆箱根鉄道に乗り入れる特急踊り子が急角度で侵入するのにはみ出る車体分、ホームを削ってしまったため。ポイントを横切り突進する姿は圧巻だ。

現在は国鉄型185系に代わりE257系が入線する

半ば強引に東海道線に乗り入れているのが線状からも分かる

どうしても修善寺に行きたいという願望がホームを削る結果に

静岡県 JR東海道新幹線 三島～新富士間

変哲もない田んぼが
一大撮影観光地になる日

ドクターイエローの通過は大体お昼頃だが、3時間前からご覧のとおり。

ドクターイエローと富士山が見事に決まった！

ここは岳南鉄道須津駅最寄りの田園地帯。月に3〜4日の割合でここが家族連れやカメラファンでお祭り騒ぎになる。目的は近年引退がささやかれているドクターイエローと富士山を撮影するためだ。

「なにもない」が一番の魅力の観光撮影地

064

第3章 珍 中部

駅トイレも珍スポットが。「式」ではなく和風・洋風の表示に

静岡県 **大井川鐵道本線**

これ必要？
日本一短い？トンネル

測りかたによっては「日本一短い」は諸説……

SL運行のパイオニア大井川鐵道。本線にある地名(じな)駅の千頭寄りにある謎のトンネルは、1930年から38年までこの頭上を通っていた索道の落下物防止のために設置された防護ジェットがその正体。

油断すると見逃してしまうほど
短い山無しトンネルの正体は

静岡県 **岳南電車「夜景電車」**

ん？ 停電？
真っ暗電車が走る鉄道

夜景電車は土曜日の夜に運行。車内灯を消灯して運行する

富士山の反対側から来た電車も活躍中

10ある駅すべてから富士山が望める岳南電車。岳南原田〜比奈間は、工場のど真ん中を通過する事で有名。これが夜になると幻想的な工場夜景が車窓を流れる。週末には夜景電車まで運行される程だ。

岳南電車自慢の夜景をご堪能あれ

065

静岡県 天竜浜名湖鉄道 浜名湖佐久米駅

運転士もヒヤリ……カモメに占領されてしまった駅

餌を投げると、見事にキャッチする！

駅には喫茶店「かとれあ」がある。自家製カレーがおすすめ

飛来するのは、ゆりかもめ。時に餌を求めて鳶もやってくる

東名高速が跨ぐ浜名湖岸にある変哲のない無人駅。しかし、11月〜3月になると300〜400羽ものカモメが駅に襲来するのだ。今では多くの観光客で賑わうほどのスポットに。油断すると頭の上にカモメのオトシモノが……！

カモメも人間もマナーを守って駅の利用を……

かとれあで販売している記念入場券は170円

第3章 珍 中部

静岡県 大井川鐵道井川線「トロッコ列車」

まさに珍風景の連続！井川線の絶景遊覧列車

アプトいちしろ駅から長島ダム駅までアプト式で専用機関車に牽引される

アプトいちしろ駅から長島ダム駅までは、日本鉄道で一番の急こう配を登ることに！

列車は基本ディーゼル機関車によって牽引される。その小ささがよくわかる

ダム湖の上を横断する！ この先の奥大井湖上駅も井川線珍風景のひとつ

大井川鐵道といえば、ほぼ毎日走るSL列車やリアルトーマス列車が有名だが、千頭から井川を結ぶ井川線もミニミニ列車にも関わらず、そのスケールの大きさに驚かされる。もともとは電力会社の専用軌道から始まっており、1954年に大井川鐵道が引き継ぎ営業路線とした経緯がある。作業路線だったこともあり、その絶景と数々の珍風景の宝庫だ。

奥大井湖上駅に向かうのに唯一ある歩道はなんと橋梁の横！ 足がすくむ

長島ダム駅から奥大井湖上駅に向かうミニ列車。付近にはダムに沈んだ旧線も

乗ったら最後！ 完全往復乗車に半日はゆうにかかるのでご覚悟を

静岡県 大井川鐵道本線 合格駅

ありそうでなかった受験生必訪の駅

駅標も「合格」に、これを携帯の待ち受けにするとご利益アップか？

開業当初は一日で100枚以上の乗車券が売れたことも

2020年11月に大井川鐵道の難読駅であった五和（ごか）駅を改名。合格駅とした。これは、地元の有志による地域おこしチームが結成され、言葉遊びを発端に合格地蔵の設置や入試の時期に合格駅の看板を掲げたりと活動を続けた結果、大井川鐵道の複合施設KADODE OOIGAWAの直結駅「門出駅」の新設に合わせて誕生したという。なんとも懐の深い鉄道会社である。

昔から名の知れた木造駅舎でも知られた旧五和駅は今や神宿る神聖な駅に

次の駅は「門出駅」、その次は「神尾駅」という、縁起のいい駅名が続く

静岡県 JR東海浜松工場 西伊場第1踏切

もはや観光名所新幹線が踏切を渡る！

狙い目は新幹線祭りなどのイベント実施の前後だ

東海道・山陽新幹線には踏切がない。そう思っている人、この光景をご覧あれ。今や秋田・山形新幹線の在来区間では見られるようになったものの、フル規格の新幹線が一般踏切を渡るのはここだけである。これは整備を行うJR東海浜松工場へ通じる引き込み線。競馬のパドックの様にゆっくり走る様は圧巻だ。

「伊場の踏切」として新幹線ファンには有名な場所だ

付近には駐車場がないので訪問時は注意が必要。マナーを守って見学したい

運が良ければ、ドクターイエローが通過することもあった！

第3章 珍 中部

愛知県 名古屋鉄道犬山線 布袋〜江南市間
グラサン大仏参上!!

県道176号線歩道から撮影できる「列車に乗る大仏」も楽しい画になる

布袋の大仏と
県道176号踏切との
奇跡コラボ

普段は遮断棒が上がったところに大仏の顔が来る。つまり、列車が通過する前後で勝負しなければならない

日が暮れると、なんとも不気味な仕上がりに。一日居ても飽きない

警報機の位置をずらすと、急にセレブ感が出る写真が撮影できる

布袋駅から線路沿いに徒歩10分で「布袋の大仏」に。この大仏、高さ18mもある御嶽薬師尊で、個人が夢のお告げで建立したものだというのだから驚きである。県道176号線の踏切の警報機部分をちょうど目の位置に合わせていくと、墓地にたどり着く。撮影にはまわりに充分配慮して楽しんでほしい。
※撮影は墓地敷地外から行っています。

愛知県 名古屋鉄道常滑線 道徳駅最寄り
レストランの中に電車が乱入?!

1926年製の名鉄きっての名車両で本格パスタが味わえる

まさか、この建物の中に電車が入っているとは……

2005年の全線廃止まで岐阜の市内電車として現役で活躍していたモ510形515号。オールドスパゲッティファクトリー名古屋店で展示保存されている。第2の人生は、おいしい料理を囲む人々の憩いの場所として愛される存在に。

レストランの中に実物車両！これぞ、究極のレストラン列車

愛知県 JR飯田線 東栄駅
いつも怒っている？秘境路線の鬼の駅舎

重要無形民俗文化財にも指定されている「花祭」で被る鬼の面をイメージした駅舎に1992年に改築された。津山線・亀甲、九大本線・田主丸と並ぶ珍駅舎御三家の一つ。

下り列車用の遮断機が下りる時が撮影チャンス

道路側は顔になっていない。車窓のみあの顔を楽しめる

駅内にはカフェがある！ 鬼の中でまったり。

第3章 珍 中部

愛知県 豊橋鉄道「おでんしゃ」
完全予約制の
走る屋台電車

最後尾には大きな赤ちょうちんが

豊橋市内を走る路面電車。冬場になると、赤ちょうちんをぶら下げた派手な路面電車が市内を闊歩する。これが全国初の屋台電車、その名もおでんしゃだ。完全予約制だけあってなかなか予約困難な繁盛ぶり。

これは派手 どこからどう見ても屋台だ

ちなみに私はまだ乗れていません……

岐阜県 神岡鉄道廃線跡
ガッタンゴーガッタンゴー
自転車で線路を走る！

往復6kmのまちなかコースとその絶景に感動する渓谷コースがある

2018年に整備された渓谷コースはクマも生活する共存エリアだ

まさに気分は運転士！日本で一番幸せな廃線跡なのかもしれない

2004年に廃止された神岡鉄道は奥飛騨にあった第三セクター。普通廃線になると線路施設は撤去される運命にあるのだが、この線路は今も観光施設として線路が生きている！レールマウンテンバイクとして、自らの足でペダルを踏み軌陸自転車で大自然の奥飛騨を満喫することができるのだ。

トンネルや鉄橋も突き進め！
まるで自身が鉄道車両になった気分に

福井県 敦賀市 天満神宮広場

北陸新幹線を予見していた？
新幹線が鎮座する公園

一切の情報がない謎の新幹線。情報を求む！

色々調べると2017年ごろにはすでに設置していたと思われる。ここだけのオリジナルなのか？

他の遊具とは一線をおいているところも健気である

2024年北陸新幹線敦賀延伸開業を果たした、福井県民にとって長年の悲願でもあった新幹線。そんな敦賀の市街地にある天満神社境内内にある公園広場に、ポツンと設置された新幹線形の腰掛（？）を発見。しかも初代0系という一発で虜にされてしまった。もしやこの地に新幹線が来るのを察しての仕業か？

これは一体遊具なのか？ ベンチなのか？

新潟県 JR弥彦線 燕三条駅

在来線に向かうのに参道を
通らないといけない駅

上越新幹線の開業を記念して1982年に建立された彌彦神社一ノ鳥居の大レプリカ。JR弥彦線沿いにある県道29号線にありその高さは30.16mもある、まさに大鳥居。新潟の見どころにもなっている。そしてもう一つ燕三条駅内にも鳥居が建立されており、潜って進むとそこは弥彦線のホームへと進むのだ。

燕三条駅の鳥居は新幹線改札から乗り換えとなる弥彦線ホームに向かう通路に設置されている

モデルとなった鳥居もしっかり弥彦線の車窓から見ることができる

何ともありがたい駅

弥彦村のシンボル、大鳥居建立の影に新幹線あり！

第4章 珍近畿

大阪府 大阪モノレール 南摂津〜摂津間
モノレールから
ズラリ新幹線

新幹線公園は第2・4日曜日に内部公開もされている

この車両を手入れしている市民グループは、その名も「新線組」

大阪モノレールは4両編成。先頭にはパノラマ席もある

　さて、この風景どこから見ているのでしょう？答えは影にも映っている列車の車窓から、しかも大阪モノレールである。なんと約680両を収容することができる新幹線鳥飼車両基地と西日本最大級ともいわれる大阪貨物ターミナルの頭上を優雅に走り抜けるのだ。

第4章 珍 近畿

実は貨物ファンも必見！
黄色い新幹線も見られるかも？

0系新幹線が鎮座しているぞ。

大阪府 阪急電鉄 十三駅
3列車同時入線

十三名物の京都・宝塚・神戸線
3線同時に入線は、
まるでスロットゲーム！

十三駅はちょうど、大阪梅田を発車した京都線・宝塚本線・神戸線の分岐駅。中間駅での停車や通過列車の加減で、時おり3列車がほぼ同時に入線してくることがある。さぁ、運だめしに行ってみよう。

大阪府 JR大阪環状線 玉造駅
まちなかに動かない
巨大103系出現

今では撮影不可能！103系スリーショット

ビエラ玉造というのが正式なビル名

2014年に突如現れた巨大103系。会員制ジムや保育所、100円ショップやコンビニなどが入っている複合ビルがその正体。当時JR西日本が進めていた大阪環状線改造プロジェクトの一環だ。

大阪環状線のランドマーク！
新しくなった駅にも注目

第4章 珍・近畿

（大阪府）南海電鉄 関西空港駅
きっぷが名画を描いた！

> この落穂拾いは131,516枚のきっぷで出来ている

近くで見ると、これが切符の裏表だとよくわかる

南海・関西空港駅のコンコースにレオナルド・ダ・ヴィンチ「モナ・リザ」サンドロ・ボッティチェッリ「ヴィーナスの誕生」ルノアール「ムーラン・ドゥ・ラ・ギャレット」ミレー「落穂拾い」と並ぶ名画、でも近づいてみると……！

難波駅で回収した32万枚のきっぷが芸術作品に

（大阪府）阪急電鉄宝塚本線 服部天神駅
今や駅の守り神！
ご神木の立つ駅
心して利用すべし！

御神木があるのは大阪梅田方面ホーム上だ

> 夏の天神祭の際は、安全祈願祭が行われる

この駅、実は服部天神宮の境内に建っているのだ。1910年に阪急の前身である箕面有馬電気軌道が鉄道を通す際、御神木であるクスノキを伐採することなく駅を作りたいと守ってきた証なのだ。

誰や！ こんなところに駅建てたのは！

077

大阪府 京阪電鉄京阪本線 萱島駅

今や駅の守り神！
ご神木の立つ駅2
心して利用すべし！

> 京阪のオアシス。今日も電車を見守る

高架になっているこの駅の下はちょうど萱島神社の境内。見えている樹は、鎌倉時代から立つ樹齢およそ700年というクスノキの御神木である。1972年の鉄道高架建設の際に地元と鉄道会社が協議し守られた。

誰や！ こんなところに駅建てたのは！ その二

大阪府 泉北高速鉄道 特急「泉北ライナー」

これは目立つ
金の延べ棒特急

> まるで戦隊ロボットのような顔立ちが印象的

車内もキンピカ!!
これは金運あがりそう

南海難波と和泉中央を結ぶ、泉北高速鉄道の特急列車である。この泉北ライナー10200系、ご覧の通り金ピカである。これはアメリカのゴールドラッシュのように、泉北地域へ人が集まって欲しいという願いが込められている。

泉北ライナーで金運アップ！

078

第4章 珍 近畿

滋賀県 湖国バス 国境スキー場バス停
県境に佇む色々な意味で
レアなバス停

1984年大阪車両工業製エンブレムも健在

ひとつ前が滋賀県にある、それも「国境」バス停!

冬シーズンは周りに雪の壁ができているという、利用者にはありがたい待合室

一体どこのロープウェイの廃車体なのか、情報求む!

琵琶湖から国道161号を北上し、滋賀県から福井県に入った途端、左手に鉄道車両らしき物体を発見! よく見るとロープウェーのゴンドラである。かなり年季の入った代物。中にも入ることができる。ただこのバス停、冬シーズンのスキー場開設期間のみ稼働するバス停で、昨年に続き今シーズンも人員不足で営業中止なので、バスは来ない……。

滋賀県 近江鉄道本線 日野駅
私鉄最古の駅に
モハトイレ到着?

ドアを開けると真ん中以外は電車の扉と合っていなかった。これは少し残念

意外と知られていないが、日本私鉄で最古とされている木造駅舎は近江鉄道日野駅である。1916年改築でゆうに100年を超えている名駅舎なのだ。そんな駅の横には日野駅鉄道ミュージアムも併設され、駅のトイレもご覧の通り主力車両のラッピングが施されている。あまりにもリアルで最初ここがトイレだとは気がつかなかった……。

標準色の黄色ではないモハ1800形を起用している

名駅舎も一時解体の危機を迎えたことがある。これを守ったのが町の人たちだった

新しいトイレの電車ラッピングを提案。これはリアル!

大阪府 南海電鉄 50000系特急ラピート
登場から31年、色褪せないデザインに脱帽

車内天井を見ると、魚の背骨を思わすような照明が印象的

アメフトフェイス、深海潜水艇、シャーザク……

関西空港で出迎えてくれる関空戦士ラピートルジャー

2014年に走った赤い彗星、やっぱりラピートは流し撮りがイイ

そのフォルムから深海潜水艇・鉄人28号というニックネームで、1994年劇的なデビューを飾った特急ラピート。ラピートとはドイツ語で「速い」を意味し、関西空港難波間を37分で結ぶ。2014年にはガンダムとコラボし赤い彗星として登場。ガンダムファンの話題をさらった。

080

第4章 珍近畿

兵庫県 JR山陽本線 新長田駅
鉄人28号モニュメント

復興のシンボル！
夜はライトアップも

新長田駅の南側、全長18mの鉄人28号。漫画家で神戸出身、故・横山光輝さんのゆかりの地で震災の復興のシンボルにしようと、鉄人28号を2009年に建てたもの。ちょうど股下のところにJR山陽本線とのコラボが実現！

兵庫県 JR山陽本線 姫路駅
姫路の新名所
ホームにキハ58?53?

反対側にも顔があるので、これは両運転台のキハ53か？

窓の写りこみまでラッピングという、手の込みよう

姫路駅山陽本線ホームに引退したにずのキハ58形が入線している。一瞬カットモデルかと思いきや、姫路名物まねきそば店舗である。2019年夏にリニューアルされ、またたく間に18きっぱーの話題に。

間もなく、急行「まねきそば」
入線しまーす！

> 兵庫県

姫路モノレール廃線跡
オブジェのような橋脚

あまりにも斬新し過ぎて
時代が追いつかなかった夢の跡をめぐる

1966年に開業した姫路駅前から手柄山間約1.6kmを結んでいた跨座式の姫路モノレール。業績不振でわずか8年で廃止されてしまった。再開発が進む中、山陽電鉄姫路駅付近では、今も色濃く廃線跡が見られる。

ビルから等間隔に橋脚だけが顔を覗かしているという不思議な光景も

手柄山交流ステーションには、奇跡的に保存されていた車両を再整備され、展示されている

082

第4章 珍近畿

兵庫県 阪神電気鉄道 武庫川線
車内にバッターボックス？！
電車でプレイボール

4駅、所要4分という超ミニ路線である武庫川線。いつかはやるとは思っていたが、「阪神タイガース号」が2020年に登場した。外装はアノお馴染みの虎模様である。ただこれだけでは収まらず、今度は緑を基調とした「甲子園号」まで登場！ なんと車内にバッターボックスまで備えてしまった！ ここを走る4編成すべてが野球に関連したラッピングで楽しい。

甲子園号にはバッターボックスが。さぁ、プレイボール！！

甲子園球場もある西宮市にあって野球に縁がある

こちらが阪神タイガース号。車内・つり革もタイガースだ

走行中の試合はやめましょう！（停車中も……）

兵庫県 山陽電車 板宿駅
コンビニで電車ゴッコできます！

2016年に山陽電車に登場した新型車6000系デビューを記念して設置されたローソン。日本初のトレインローソン1号店だ。ほぼ一両を再現した店内はやや狭いが品揃えが充実！ また、正面部分には自由に撮影できる運転室スペースがあり、かなりインスタ映えを狙ったコーナーとなっている。できれば撮影用の運転席椅子があれば最高なのだが……。

撮影用の帽子も備え付けられていて、気分は運転士！（かなり怪しい……）

なんと正面貫通扉も店内への入り口だ

全景もそのリテールの細かさに納得！これはすぐ乗車してしまう

店内での声出し指差点呼はやめましょう！

083

インパクトある
その形は

兵庫県 JR加古川線 社町駅
巨大地球儀

ぜひ、この場所で24時間テレビの中継を！

左の駅舎には自動券売機や自動改札が備え付けられている

駅横にある地球儀を模した球体の正体は、町が運営する社町（やしろちょう）交流ふれあい館。冷暖房完備の待合室でトイレも備えている、2004年に加古川線電化の折に改築されたもの。駅は無人だ。

兵庫県 須磨浦山上遊園 カーレーター
鳴く子も黙る？
カーレーター

傾斜25度、直線距離で91mを約3分かけて上る

1966年に公園内のロープウェイ鉢伏山上駅とさらに山上にある回転展望閣のアクセス手段として開発した日本コンベヤから導入した。仕組みは、斜面に敷かれたベルトコンベアに旅客ゴンドラを配置した固定リフトような連続輸送システム。現在はこの公園が唯一。

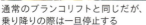

通常のブランコリフトと同じだが、乗り降りの際は一旦停止する

乗り心地の悪さが評判です！
味わえるのは世界でここだけ

第4章 珍 近畿

京都府 京福電鉄嵐山本線 山ノ内駅
究極の極狭ホーム！

前から電車、背後は車！思わず背筋が伸びてしまうホーム

安全地帯を表す標識もあるので一見路面電車の電停と思うが、正式には「駅」となっている

県道112号線二条停車場嵐山線にあるこの駅のホームは幅約60cm！と極狭だ

京都府 叡山電車「ひえい」
まさに無の境地
京都のさとり電車

新車のように見えるが実は従来車を改造したというのが驚き

あなたは何かを感じますか？

座席も楕円。この車両は楕円をモチーフ

2018年にデビューした観光列車「HIEI」。文字通り比叡山から名付けられた。スピリチュアル空間を重んじたデザインの観光列車だが、普通料金で乗れるのがうれしい。

奈良県 いこまケーブル
ミケネコとブルドックのド派手ケーブルカー

他のケーブルカーにはない踏切まである

通勤通学がうらやましい

並列した複線など、他のケーブルカーにはない珍風景満載のいこまケーブル。なかでも最大の珍風景はそこを走るブルドックとネコにデコレーションされたゴンドラが平然と走っている姿。思わず二度見してしまう。

和歌山県 和歌山電鉄 貴志駅
たまミュージアム駅舎

猫好きにはたまらない！ネコ顔の駅舎は世界初？

ホームには「いちご神社」「おもちゃ神社」「たま神社」という3つの神社まである

2010年に建て替えられた貴志駅は「たまステーション貴志駅」に。和歌山産材をふんだんに使い屋根は檜皮葺仕様に

第4章 珍近畿

（和歌山県）JR紀勢本線 稲原〜印南間
総事業費9億3,500万円！
ユーモアカエル橋

印南のホームからは上り列車とコラボできる

待合室にもカエルに占拠されている

過疎化が進む印南町が「人を呼び込んで町をかえる」という願いを込めて建設されたかえる橋。その由来は5つの"かえる"にひっかけたネーミングにしてしまったというダジャレ橋だった。さぁ、そのかえる分かりますか？

赤ガエルに黄色いカエル……、
カエルで町を変える！

（和歌山県）南海電鉄「めでたい電車」
とある電車家族の
幸せ日記

家族で頑張る加太線に乗りに行こう

ピンクの「さち」さんは、2016年に加太線にやって来ました。その翌年、青の「かい」君がやって来て2台は恋に落ち、2018年にスピード結婚に。新婚旅行は2019年1月に行きたかった大阪・難波へ。そしてその2カ月後には待望のこども「なな」ちゃんが誕生しました。

車内のどこかにハート形の吊り革がある。探してみて

車内にある婚姻届は
一見の価値あり

087

[和歌山県] 湯ノ口温泉トロッコ

熊野の秘湯に誘う、本格鉱山トロッコ

約10分間、ほとんどトンネル中を進む！

閉山された紀州鉱山・鉱山鉄道の廃線跡を利用したトロッコ。バッテリー機関車が木造の客車を牽くスタイルで、旧小口谷駅構内に設けられた瀞流荘駅と旧湯ノ口駅である湯ノ口温泉駅の間を1日数往復運行する。1987年から試験運行を始め1989年から本格デビューを果たした。

容赦しない揺れ、突き上げる振動、乗り心地最悪！でもハマってしまう

座席は板張り。あまりの揺れに窓が勝手に開くほど

閉山した鉱山でも残務処理は行っている

人の大きさでいかに客車が小さいかが分かる。軌間は610mm

第4章 珍 近畿

京都府 手作りのパンの店ぶんぶん

うちの電車パンは鉄分ブンブン120％

そのリテールの細かさに脱帽！
さぁこの車両たちの
形式分かるかなぁ

水曜日定休で9時から開店！ 普通のパンもおすすめ

これは迫力。中身はカスタードクリームなど色々。3日前予約すると希望のパンが手にできる

店内も見渡すとファン心をくすぐるアイテムが……

パンを買うと手作り運転台でジオラマ運転もできる

　鉄ちゃんには、たまらないパン屋さんがある。宇治駅から徒歩10分にある「手作りパンの店ぶんぶん」だ。店内に入ると4〜5種はあるという泣く子も喜ぶ"電車パン"はご主人の原田 明さんが、とある鉄道会社からの依頼で電車の顔形をしたパンをイベントで製作したのをきっかけに店頭でも販売するようになり、リクエストが増えて今では約30種に増えたとか！　根っからの鉄道ファンである原田さんが作るパンには鉄道愛と鉄分がぎっしり詰まっている。

089

和歌山県 紀州鉄道 西御坊駅

運転士の神業に心酔！
ギリギリ終端駅

駅もギリギリ傾いてる？
このギリギリ感が
たまらない……！

全長2.3km。日本一短い私鉄として君臨する紀州鉄道の終点西御坊（にしごぼう）は何もかもギリギリ。もともとはさらに1.2km先の日高川が終点だったが、1989年に廃止後はこの駅が終点になり、すぐそばを道路が横切っているため無理やり駅構内で終端を設置してしまったのだ。

すべては運転士の技量ひとつ まったく信号機がないのも驚き

三重県 三岐鉄道三岐線 山城6号踏切

頭にベル!?
その音色は必聴！

山城駅からほど近いところにある小さな踏切。全国でも貴重な存在となった現役のベル式踏切で、一度この音色を聴けば耳に離れがたく、再訪する人も多いとか。

気になる音色は、QRコードからアクセス！

三岐鉄道名物"貨物列車とのコラボ"も実現

列車通過後の警報終了も聞き逃すな！

第4章 珍 近畿

三重県 JR関西本線（貨物）末広橋梁

貨物ファンも昇天
文化財の鉄道可動橋！

1日に数回行き来するセメント列車。その重厚感に感動

国の重要文化財

常時は主塔側の桁18m部分がケーブルで跳ね上がる状態

　1931年に山本卯太郎によって架けられた国内で唯一の跳開式可動鉄道橋梁で、1998年に国の重要文化財、さらに2009年には近代化産業遺産、2015年にも機械遺産にも認定されている。

その名も「山本式鋼索型自動平衡跳上橋」

三重県 三岐鉄道 西藤原駅

三重の山間に
　　SLが並ぶ駅

こちらは2両並び、しかも客車付きで勝負だ

　西は西藤原駅に敵うものはない。何せ2機並び、しかもヘッドライトは本物を装着してるのだから手が込んでいる。駅構内には活躍した蒸気機関車E102号機、ディーゼル機関車DB25号機が展示されている。

でも、なぜ
C11形1号機
なんだろう？

（三重県）御在所ロープウェイ

空飛ぶ軽トラックと
恐怖のゴンドラ

写真／御在所ロープウェイ

第4章 珍近畿

早朝か夕方に起こる珍風景は
2〜3年に1度！ 難易度高し！

780m下にある
湯の山温泉駅へ
テイクオフ！

約15分かけ山上公園へ。最大38台のゴンドラが行き来することも

スタンバイ完了の軽トラゴンドラ。うーん荷台に乗りたい……
写真協力／御在所ロープウェイ

2018年に導入した新ゴンドラ。なんと、床がスケルトン！

　湯の山温泉と御在所岳山頂を結ぶ全長2.1kmの御在所ロープウェイ。山頂にある公園に作業用として配備されている軽トラックも車検を受ける必要があるが、麓に通じる道もなく、自動車工場もない。そこで特製ゴンドラに乗せ、ロープウェイで運んでしまう。

写真／御在所ロープウェイ

[三重県] 伊賀鉄道「忍者電車」

忍法！電車が忍者になるのじゃ

決してメーテルではありません忍者です

油断すると忍者に狙われますよ

忍者の里、伊賀の地を走る伊賀鉄道。やはり電車も忍者にしてしまった。色も青・緑・桃とあり、必ずどれかが走りまわっている。運行開始は2009年。デザインは目が特徴の漫画家・松本零士先生が担当した。

忍法 流し撮りで捕獲！

[兵庫県] 北条鉄道 法華口－播磨下里

安心してください！正常運行です

関西にいながらJR東日本のキハ40にも逢える

全国初の非自動閉そく「票券指令閉そく式」も見逃せない

このような光景は反対側である粟生方面でも見ることができる

たまたま撮影した北条鉄道法華口駅を北条町方向に出発するフラワー2000形。よく見ると、粟生方面が青信号なのに北条町行きが出発しているのだ。これは重大インシデントを目撃してしまったかと心配してしまったが、これは発条転轍機（スプリングポイント）のバネの復帰力によって定位に戻り、進行定位が「青」となっているため、不思議な風景が見られるのだ。

一瞬ヒヤリとしてしまう光景……
通過前までちゃんと「赤」でした

094

第5章

珍中国四国

[鳥取県] 智頭急行線 恋山形駅

百年の恋も冷めない！
恋愛成就のピンク駅！

一度火が付いたら、とことんやる智頭急行さんは駅看板もハート形に

駅の自動販売機で買えるハート絵馬は430円。神社も増設した

　全国には「恋」という字が入った駅が4つある。JR北海道・母恋、三陸鉄道・恋し浜、西武鉄道・恋ヶ窪、そして智頭急行・恋山形だ。もともとは因幡山形とする予定だったが、地元の発案で「来い山形」を文字って「恋」にしてしまった。ピンク度は年々グレードアップする一方だ。

096

第5章 珍 中国四国

見よ！目が覚めるほどの
この見事なピンクぶりを……

ピンクといえば
林家ペー・パー子さん
御来駅おまちして
います！

鳥取県 若桜鉄道「ピンクSL」

僕、かわいいかなぁ？
ピンクのSL

> 林家ペーパー子さん、こちらもお待ちしています

期間中は駅看板までピンクに染められる

智頭急行の恋山形駅がピンクになり、応援しようとなったのか、こちらは毎年5月になるとC12形107号機が目も冷める様なピンクで彩られる。このSL、空気の圧縮で動くことが出来る上、若桜駅構内がトロッコ車を牽いて走行する。

ちゃんと走れるSL！干し草だけど煙も出るよ

島根県 一畑電車大社線 高浜～遙堪間

粟津稲生神社の鳥居

出雲の国で出会える神々しい風景！

難読駅名の遙堪（ようかん）駅から程近くにある粟津稲生（あわずいなり）神社の鳥居。なんとこの参道途中に一畑電車大社線が横切っている。ちなみに警報機や遮断棒がない、いわゆる第4種踏切で渡る際は通過する電車に気をつけたい。

第5章 珍 中国四国

清張も食べたという亀嵩（かめだけ）そば。割子が名物

島根県 JR木次線 亀嵩駅
駅がそば屋？
そば屋が駅？

創業は1973年という老舗出雲そば屋。駅中食堂では草分け的な存在だ。二代目となった現在のご主人も肩書は駅長兼店長。松本清張の小説「砂の器」でも登場した駅だけに知名度も抜群だ。

名物そばは予約で列車でも受け取れる

あの駅、あの味、嗚呼、また行きたい！

島根県 江の川鐵道
廃止された三江線に
新型車両が続々……

見よ！ この車両のナインナップを……

旧三江線の鉄橋も渡ります。この大きさ！

2018年3月に惜しまれつつ廃止されてしまったJR三江線の線路に再び列車が走っている。「チモハ02形」と呼ばれるかつて走っていた国鉄キハ02形をなんと蓄電池式で再現した手作り車両だ。定期的に運転乗車会も行っていて、あの国土交通大臣も乗りに来たという。今ではドンドン車両が増え、走行区間も徐々に延びている。

この鐵道、これから
グレードアップ間違いなし

099

岡山県 JR津山線 亀甲駅

亀に占領された駅

町中、亀だらけ……
インパクト大の巨大亀駅舎にアングリ!

目が時計になっているのが分かる。夜になると光るのが不気味

駅に近いところにある亀甲岩が駅名の由来という珍駅名もさながら、インパクトあるのはやはり一度見ると忘れない亀の駅舎。1995年に建てられたもので、ほぼ同時期に建てられた、かっぱ駅の田主丸、鬼駅の東栄と並ぶ珍駅御三家に君臨する。ちなみに駅内にも亀がいる。
※許可を得て撮影

100

第5章 珍 中国四国

岡山県 JR伯備線 備中高梁駅

サンラ・ギンガ 夜行列車夢ナラビ

銀河運行日のみ押せる備中高梁駅スタンプも注目

今や夜行定期列車ではサンライズ瀬戸・出雲号のみ運行されているが、WEST EXPRESS銀河号が走る上りのみ、伯備線備中高梁駅で1分間だけ奇跡の並びを披露するという。京都行き銀河号と東京行きサンライズ出雲号。注目は夢の2列車と表示板も見逃すな。なお、銀河号はリーズンのみの運行なので、運行日注意だ。

暗い中でホームを挟んでの並びだが、走行中はフラッシュ厳禁だ

寝台特急が寝台特急を追い抜く……1分間の奇跡を目撃セヨ。

行先が京都・東京で並びも面白い

岡山県 JR伯備線 井倉駅

鉄道写真に埋め尽くされた 鉄ちゃん駅

待合室にも増殖する鉄道写真と一角には鉄道資料コーナーも

井倉駅新聞も発行され、オリジナル鉄道グッズも発売中

ファンが送ってくれた写真は駅事務所内に大切に飾られている（事務所内は非公開）

2025年1月5日に完全引退となった国鉄型特急電車381系特急やくも号。名撮影地のある伯備線井倉駅には、その勇姿を撮影しようと引退が決まった2022年ごろから連日ファンが詰めかけ拠り所に。そんなところに私が町おこしに手を加えてしまったから大変。今ではファンからプレゼントされた鉄道写真で埋め尽くされて、なんとも鉄分の濃いことに！

名物"スーパーやくものおばちゃん"のいる井倉駅へようこそ！

中国地方髄一の進行システム。やはり広島は珍乗り物が多い

広島県 アストラムライン新白島駅
街中に埋もれそうな、ちくわ駅

設計は、シーラカンスアンドアソシエイツが手掛けた

2015年、地域の強い要望でJR白島駅との接続駅として開業した新交通アストラムラインのこれが駅である。周囲の複雑な地形やJR山陽本線の支障にならないようにするため、柱を必要としない円筒形の構造が採用されたという。ちなみに列車は地下を走行する。地元ではちくわ駅、イモムシ・なまこ……と呼び方は様々……。

68.7mもある連絡通路の同駅。駅舎を見に来る観光客も多い

その名も「シュル構造」
その独創的な形は珍駅としても有名に

山口県 JR山陰本線 長門市駅
まもなく列車でなく、神様入線します！

ぜひ保線用自転車で潜ってみたい……開催希望！

見学は乗車券のほか、入場券で見ることができる

長門市の名所になっている日本最西端の稲荷神社でもある元乃隅成神社。風光明媚な海岸線に沿って123基も並ぶ赤鳥居が美しい。そしてもう一つ赤鳥居が並ぶスポットが長門市駅123番線にある。これは2019年に廃線となった0番線に元乃隅成神社をモチーフに観光客への歓迎のおもてなしとして建てられたという。

赤鳥居は20基あり、長門市鐵道部が総出で建ててその場で塗装したという

鉄路に鳥居……色々な意味でご利益ありそうな……

第5章 珍 中国四国

山口県 錦川鉄道 とことこトレイン
幻のトンネルに現わる異空間アート

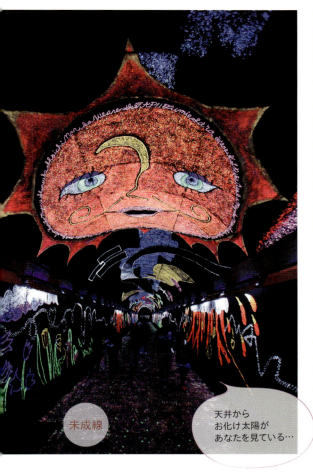

未成線

天井から
お化け太陽が
あなたを見ている…

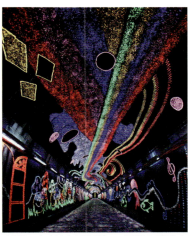

広瀬トンネルは全長1796m。発光石で彩られた壁画に目を奪われる

列車風スロープカーで約6km先の雙津峡温泉（そうづきょうおんせん）へ

錦川鉄道終着駅である錦川駅の先には、建設途中で工事が中断され完成しているにも関わらず使われることのなかった、いわゆる未成線が存在する。その路線を再利用している観光トロッコ遊覧列車？とことこトレインに乗ってみよう。

山口線に繋げる夢の跡は、
人々に夢を見せる
おとぎのトンネルに……

山口県 JR山陰本線 東萩駅最寄り
萩温泉「萩本陣」のSLバス

ぜひ本物とコラボさせたい！
C57形SLシャトルバス

ちゃんとデフレクターも装備！
無事に車検が通ったのかが
心配に……

動輪の数でいうと
Eになってしまうが、
それは御愛嬌……

湯めぐりが楽しめる湯屋街「湯の丸」がある老舗ホテル

デビューは2011年。ホテルから更に吾妻山の山頂にある奥萩展望台にある足湯までの送迎を任としていて、運転中も汽笛やドラフト音がスピーカーから流れる仕掛けが楽しい。ベースはハイエースで、改造のし過ぎで、山口の陸運局から視察が来たという話も。

104

第5章 珍 中国四国

(山口県) JR山陰本線 人丸駅
御利益あり？
山陰の神社駅

この鳥居の正体は、1955年に地元網元によって建立された元乃隅稲成神社のオブジェ。最寄りは長門古市駅が近いのだが、観光列車の停車駅になっていることもあり、2017年に設置された。

> 本家同様、鳥居だらけにしたらいかがでしょう

商売繁盛！
どうかこの本が売れますように！

(山口県) JR西日本 クモハ123
昔、荷物を
　運んでいました！
宇部のイチニーサン

クモハ123-4

JR宇部・小野田・小野田支線を主な活躍の場としている。もともと荷物車であったクモニ143を旅客用に改造した車両で、クモハ123系2〜6の5両が在籍しているが、改造時の事情で窓配置など個々に変化があるのも特徴。ラッシュ時には2両で運用に就くことも。

> 窓配置が左右とも違うのも。特徴の一つだ

黄色のゲテモノ電車
いつまでも現役であれ！

105

徳島県 JR土讃線 阿波川口駅
駅がタヌキに化かされた！
阿波の狸駅

観光列車運行日は必ず妖怪の姿でおもてなし。これが人気

私も地元の皆さんの熱意に負けて駅スタンプを寄贈した

2017年にデビューした土讃線観光列車「四国まんなか千年ものがたり」の停車駅となったのを機に妖怪タヌキ伝説で町おこしを行っている町の住民グループが動いた。なんと駅外観を自分たちでリニューアルしてしまったのだ。大屋根に付けられた"汽車狸"も考案したキャラクターだ。

住民の力もすごいが
　　JR四国の懐の深さにも拍手！

この町には「やましろAKB」という熟女アイドルがいるぞ。

106

第5章 珍 中国四国

徳島県 阿佐海岸鉄道 阿波海南〜海部間

山がなくなった！町内トンネル

モヒカンにされ存在意義がなくなった悲劇のトンネル

> バス？ 列車？ DMVが潜っています

町内（まちうち）トンネルは全長44mの普通のトンネルだ。しかし肝心の山がない。1973年国鉄牟岐線として開業した時は山がちゃんとあったのだが、その後の宅地開発によって徐々に削られていき、今ではこの有様に。現在は阿佐海岸鉄道の名物トンネルとして世界初のDMVが堂々と通ってダブル珍景と相成った。

徳島県 JR牟岐線 田井ノ浜駅（臨時駅）

列車から30秒で海水浴ができる駅

> 見よ！ 臨時駅といえども立派なホームが

駅近くの道路にはアカテガニの横断注意の標識が

1964年に地元の要望を受けて、日井ノ浜海水浴場への最寄り駅として開業した夏季限定の臨時駅である。中央にある五角形の建物はかつて臨時きっぷ販売所の名残。二階はライフセーバーの見張り所である。

水着のまま列車に乗るのは厳禁！

(徳島県) 阿佐海岸鉄道 宍喰駅

シュール！駅長が おいしそうな伊勢エビ！

駅は宍喰駅を含め3駅。距離にして8.5kmという短さ

現在は3代目が就任している

四国の右端、JR牟岐線の末端にある小さな第三セクター阿佐海岸鉄道。2010年に宍喰駅として駅長に就いたのが、メスの「あさちゃん」オスの「てっちゃん」と名付けられた2匹の伊勢エビだ。

赤字を脱皮したい そんな願いを込めて……

(徳島県) JR土讃線 坪尻駅

車も自転車も行けません！
西の横綱秘境駅！

四国山地に囲まれた谷底にある坪尻駅

自分の名前の漢字が入っている駅名は親近感がわく

　東の小幌、西の坪尻とも云われる秘境の駅である。この駅に行くためには国道からケモノ道を谷底に向かって約700m下らないといけない。スイッチバックの駅で乗降客数は0人。だが、観光列車も停車する観光スポットに。

誰や！坪内のお尻駅というヤツは……

108

第5章 珍 中国四国

徳島県 奥祖谷観光周遊モノレール
70分1本勝負
止まらないモノレール

2006年、温泉施設いやしの温泉郷の裏にある、三嶺中腹の4.6kmを70分かけて周遊する観光用モノレール。二人乗りのカブトムシ型ゴンドラにゆられ山の中を這いずりまわるアドベンチャーな乗り物だ。

かわいいゴンドラに騙されてはいけない

70分乗りっぱなしなのでトイレは事前に済ませておくこと

香川県 JR瀬戸大橋線 児島〜坂出間
列車と太陽のランデブー
年に2シーズンのみ実現する夕日に、列車が突き刺さる瞬間を激写せよ！

日によっては"だるま夕日"を見ることができる

1988年に開通した瀬戸大橋線。瀬戸内海を悠々と渡る列車は約10分間の海の散歩を楽しむが年に2回、沈む夕日と重なる奇跡の瞬間を目撃することができるのだ。しかし、天候や列車の走り方ひとつで、このタイミングは難易度高し。

県道16号高松王越坂出線乃生岬付近で見ることができる

香川県 高松琴平電気鉄道 長尾線平木～学園通り間
まるでレゴ！将来を見据えすぎた石積み橋梁

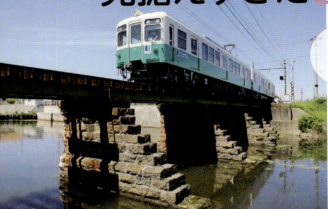

強度も最強。元京急1000形も難なく通す

近代化産業遺産にも登録されている新川橋梁。大正末期に建造された際に、複線化を見越して半分だけ増築された石積みの橋脚が、当時の鉄道敷設への意気込みを物語る。同じ工法での鴨部川橋梁も現役である。

複線化の夢のあと。今日も橋げたを支え続ける。

香川県 四国全域に出没
微笑みの駅の妖精、すまいるえきちゃん

頭の上に乗っているのは「れっしゃくん」。いっぱいいる

この日は早朝から2700系甲種回送高松到着に駆け付けた

JR四国といえば、このキャラクター「すまいるえきちゃん」。2017年に登場して以来、あらゆる鉄道イベントや地域イベントに妖精のごとく現れる。実はすごい人が、この妖精の正体だったりするウワサも……。

公式X（旧・ツイッター）もみてね

第5章 珍 中国四国

香川県 高松琴平電気鉄道琴平線 高松築港駅
全国屈指の水城に
駅が乗り入れ？

夜になるとホームにバーが開店する

鯛だけではなく
フグやメバルも
泳いでいる

　全国でも珍しい海水を引き込んだ掘りをもつ玉藻城。よく見ると泳いでいるのは鯉ではなく、鯛である。そんな堀が見られる絶好な展望台が高松築港駅内にある。つまり城内に駅があるのだ。

注意！ ここで釣りをしてはいけません。

香川県 JR予讃線 高松駅
四国の玄関口は
いつもニコニコの駅

　ヨーロッパ風の駅舎をもつ四国の玄関口高松駅。この駅には「たかまつえきちゃん」なるキャラクターが設定されている。そうして駅舎に目と口が付いたのは2014年のこと。おもてなしの表れだという。

高松うどん駅の
駅看板も
見逃せない

ビル4階分もあるデカスマイル！

香川県 JR予讃線 津島ノ宮駅（臨時駅）

実質27時間！日本一営業期間の短い駅

一夜にして改札口と駅舎が誕生する手早さ

カーブしたホームに対応するため駅員が乗降補助につく姿も

普通列車のみの停車だけに18きっぷも使える

全国で19あるといわれている臨時駅だが、毎年8月4・5日のみ津島神社の夏季例大祭に合わせて開業する津島ノ宮駅は、もっとも営業期間が短い。

香川県 寝台特急「サンライズ瀬戸」琴平行

瀬戸の親分に電気を譲れ！

この行先幕は東京もしくは高松で撮影した方が良い

寝台特急最後の砦となった「サンライズ瀬戸・出雲」

「サンライズ瀬戸」高松行は週末のみ、高松到着後スイッチバックでさらに琴平まで延長運転される。面白いのはその時間琴平〜多度津間の普通電車が気動車に置き換わっている所。これは、サンライズに対する電気配分の事情だ。

琴平延長には涙ぐましい努力がありました

第5章 珍 中国四国

香川県 八栗ケーブル
新幹線0系は生きていた!?

現在2台の0系もどきが活躍中

製造から60年 今だ現役

四国霊場88カ所85番札所八栗寺へのアクセスとなっている八栗ケーブルカー。どことなく新幹線0系に似ている。それもそのはず。1964年製造0系と同じ日立製作所笠戸工場製なのだから。

香川県 高松琴平電気鉄道「デカ」
讃岐を走るあぶなくないデカ

正式名称は「電動無蓋貨車」。略して"デカ"

運転室はsimple is the best

ことでんの要である仏生山工場で構内入換車として日々奮闘している。この凸型電車の名はその名も「デカ1号」工場の職人たちが色んな電車の廃品部品を再利用して作り上げた力作である。

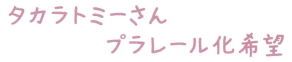

タカラトミーさん プラレール化希望

113

愛媛県 **伊予鉄道 高浜線・大手町線**
ダイヤモンドクロッシング

路面電車が 電車待ちをする踏切

伊予のダイヤモンドクロスといわれている。戦前となる1936年に軌道線である大手町線が開通した際に郊外線である高浜線と平面交差させたという全国でも唯一の踏切。このため、軌道線に電圧を合わす必要があるため、高浜線のみ600Vに統一されている。

これは珍しい。路面電車・バスの揃い組み！

おーい、そこのけ、そこのけ
　　　電車様のおとーりだー

愛媛県 **JR予讃線 下灘駅**

一度は行ってみたい！
絶景展望駅！

ベンチに座ると瞬く間にカメラマンたちの餌食に

毎年9月に開催されるコンサートは1000人以上来る大イベント

青春18きっぷのポスターに3度も起用され、いつしか「18きっぱーの聖地」とも云われている下灘。ホームから見える伊予灘の絶景は日本一海に近い駅として名を馳せているが、実際は間に国道がある。

多くのカメラマンが待つフォトジェニック駅

第5章 珍 中国四国

愛媛県 JR予讃線 五郎駅
住民総出で観光列車をお見送り！

全力でお見送りする住民達に列車もここでは最徐行で通過する

駅に住み着いていたたぬきをモチーフにたぬき駅長が出迎える

松山〜伊予大洲・八幡浜間を往復している観光列車「伊予灘ものがたり」。地域のおもてなしが話題を呼んで人気の列車となっているが、途中通過する五郎駅もまた、毎回住民の方々によるお見送りがスゴイことに……。

子だぬき駅長もお手振り〜

愛媛県 JR予讃線 双岩〜伊予石城間
車窓にマンモスの親子!?

現在は春夏秋冬見ることができる

年に一度は藁を吹き替える。乗ることはできない

伊予石城駅近くに出没した藁積みマンモス。2011年に東京・武蔵野美術大学と地元有志によって制作された。一時、建築基準法に抵触する恐れがあるとして取り壊し危機も。今日も親子で歩いている。

伊予のマンモスは今日も予讃線を見守る

(愛媛県) JR吉備線 足守〜服部間
赤い列車が走る
血吸川橋梁

ここは吉備線きっての撮影地

> 走っているのは国鉄型キハ47・40形!! しかもタラコ色!!

鬼城山（きのじょうさん）源流となっている川で、その昔吉備津彦命との戦いで放った矢が鬼の温羅（うら）の目に刺さり、その流血が川に流れたという由来をもつ血吸川。跨ぐ吉備線の橋梁に、これまた真っ赤なキハが渡るという、何ともいえないダークな風景だ。

(愛媛県) あじさいの里 あじさい号
あじさいシーズン限定
登山モノレール

> 最近車両がグレードアップしたと知らせが届く。これは行かなくては

元々はみかん栽培用なのでかなりの急傾斜を登る

愛媛県四国中央市の山奥にあるあじさいの里。地元の集落の人達総出で植えられた約2万株のあじさいが楽しめる公園で活躍しているのがこのあじさい号。シーズン時のみ運行される限定のモノレールだ。

集落手作りトロッコを楽しもう

第5章 珍 中国四国

愛媛県　伊予鉄道「坊っちゃん列車」

全国初SL型路面鉄道

煙もダミーだけど、ちゃんと吐きます

着回しは自分で、ジャッキアップするというすぐれもの

運転士車掌はイケメンぞろい

　松山市内を悠然と走る、西のなんちゃってSL。JR松山駅・松山市駅から道後温泉を結ぶ観光路面列車だ。夏目漱石の小説をモチーフにした2編成の坊っちゃん列車が活躍中。あのダイヤモンドクロスも通過する。

愛媛県　マイントピア別子 銅山鉄道

新居浜の町に下町トレインあり

観光列車は別子1号機関車をはじめ人車を忠実に再現

町工場のものづくり底力を感じる

　愛媛にはもうひとつのなんちゃってSLがある。別子鉱山鉄道廃線跡を利用した体験施設マイントピア別子の鉄道がそれだ。2018年からは地元企業が一丸となって3年かけ、一から作り上げた車両が活躍している。

愛媛県 宇和島運輸フェリーあけぼの・あかつき丸
気のせいかなぁ
船にブルトレの名が

> この船内にはのびノビノビシートというどこかで聞き覚えのあるフレーズが

新造船の名前もご覧のとおり

愛媛県八幡浜と九州別府・臼杵を結ぶカーフェリー。そこに就航しているフェリーの名前が気になって仕方ない。どうみても寝台特急の名前が……。

引退した船の名前も「さくら」だった……

高知県 JR土讃線 土佐一宮駅最寄り
土佐神社のトロッコ賽銭箱

賽銭箱が動くのは年数回！
見られたら、あなたは
かなりの強運！

かなり細いトロッコ用線路。その距離約50m。正月・6月30日の大祓式・8月24・25日の大祭時に移動させる

土佐神社の本殿前には立派な宮造りの賽銭箱が鎮座しているが、よく見ると砂利の間から見慣れない線路が。大人5人かがりでようやく動く重量級賽銭ある程度はワイヤーに繋いだトラックが牽引する

第5章 珍 中国四国

高知県 とさでん交通
はりまや橋交差点

電車と電車が織りなす珍風景のオンパレード!
夢の交差点、土佐にあり

日本がっかり観光地のはりまや橋も、鉄道ファンにとっては一押しのスポット。いの線と桟橋線がクロスする、はりまや橋交差点は路面電車の平面交差の舞台。平日の8時12分には3方向からの交差点同時侵入「トリプルクロス」が拝める。

いの側の歩道橋からも電車の行き交う姿が安全に撮影できる

（高知県）土佐くろしお鉄道ごめんなはり線 夜須駅最寄り

カンカンカン、道路が突き刺さります！

ごめんなはり線の車窓からも見ることができる

軽自動車のCMで話題となった。全長32mある

「これ鉄道がないですが……」と編集者から指摘されたネタ。でもよく見てください、明らかに踏切は鉄道用を転用していますよ。手詰港入口にあるこの橋は1日数回約1時間ずつ漁船の通過用に稼働する。

鉄道から、道路用の踏切へ
安全を守る使命は変わらない

（高知県）とさでん交通後免線 清和学園前〜一条橋電停間

次の電停（駅）まで63m
歩いた方が早い駅間距離！

電車とかけっこしたら勝てる自信アリ

寄ってみると電停の名前が違うのが分かる

一条橋電停がもともとあったが、川を挟んだ反対側に学校が開校。通学生徒のため1985年に新設となる清和学園前電停を設けたところ、日本一短い駅間が誕生してしまった。

「そのぐらい歩けよ」とツッコミたくなる距離だ

第5章 珍 中国四国

高知県 JR土讃線 土佐新荘駅

キャラクターに好き放題されている無人駅

頭にかぶっているのは、名物の鍋焼きラーメン

駅看板にまで自身の顔を入れてしまう始末！

最後に目撃された新荘川のニホンカワウソをモチーフに須崎市をPRしながらカワウソの友達探しているキャラクター「しんじょうくん」が2017年ごろから自身の名が入っている土佐新荘駅で暴れている。

どうだ！ 俺の駅いいだろー

高知県 JR土讃線 土佐北川駅

作るところがなかったので、鉄橋に駅作りました！

トラス橋の中に島式ホーム！なんと大胆な……

普通列車のみ停車する他に、行き違いの信号待ちにも使用

吉野川の支流穴内川に架かるJR土讃線の橋梁上に土佐北川駅はある。1986年バイパス線を開通させた際に旧線から移転させる駅の用地が確保できなかったのがきっかけ。他に例がない天空の駅だ。

トンネルを越えるとそこは鉄橋！ ん？ 駅だった

[高知県] 土佐くろしお鉄道ごめんなはり線 1S・2S
絶景とガマンくらべの
半出トロッコ

デザインからはクジラをイメージしている

「トロッコと言えどもスピードが速い。帽子・カ◯ラには注意」

あの突き刺さっている道路もここから見られる

2002年ごめんなはり線開業と同時にデビューした9640型1S・2S。この車両、太平洋が望める車両側をオープンデッキにしてしまった異色のトロッコ車両であり「やたろう」・「しんたろう」号の愛称を持つ。

[高知県] とさでん交通 後免町駅
まもなく列車でなく、
ローソン入線します！

「店内にはとさでんグッズも販売中」

とでん乗り場、バスロータリーさらに奥には土佐くろしお鉄道後免町駅が隣接する

600形が描かれた後免町駅だが、電車は、ごめん行きだ

兵庫県山陽電車板宿駅の6000系ローソンに続き、2017年にリニューアルオープンさせたのが後免町駅にあるローソンだ。厳密にいうとローソン裏手にとさでん交通の後免町電停が隣接している形で、そこを発着する路線バスのロータリーもさらに併設している、後免町駅の交通の要所となっているのだ。

正式にはローソン南国後免町店。ごめんなさい

第6章 珍九州

福岡県・大分県　JR日田彦山線BRT
線路の生まれ変わりは
バスが通る？

2023年8月2017年の九州北部豪雨により8年ぶりに開通した日田彦山線添田〜夜明間だが、線路があった場所は道路が敷かれて、そこを通るのは専用バスというBRT方式に転換された。宮城県JR気仙沼線などもこの方式で東日本大震災から復興しているが、西日本では初となる珍な風景。ローカル線の生き残り形がこの地に根付いてくれるか？

アノ名橋梁宝珠山橋梁も健在！今はバス専用道に

添田駅はホームを介して列車とBRTが乗り換えに並ぶ珍風景

「爆発踏切」は復旧とともに消滅！

福岡県　JR鹿児島本線 小倉駅
ビルのど真ん中から
モノレールが発射！

九州唯一の跨座式モノレール！

小倉駅ビル内にそのまま入線するモノレールが丸見え！！

小倉駅ビルから飛び出しているのは北九州高速鉄道（北九州モノレール）である。1998年に延伸する形で駅ビルに突き刺さる形で乗り入れを開始した。約10分間隔で運転されている。

まるで秘密基地のよう！

第4章 珍 九州

福岡県 JR久大本線 田主丸駅

駅長もカッパ？
九州の河童ちゃん駅舎

まさかの高校生が
デザインした駅舎。
グット！

1992年はユニーク駅舎の
　　建設ラッシュ！
　田主丸はその先駆駅？

津山線・亀甲、飯田線・東栄と並ぶ珍駅舎御三家の一つ。1992年に町に残るかっぱ伝説をもとに浮羽工業高校の生徒がデザインを担当。観光協会が入るほか2階はかっぱの資料館になっている。なお、駅長は改札横に常駐しているかっぱの置物。駅員さんもいる。

ちゃんと車窓からも分かるように
ホーム側もかっぱになっている

ホームにもあちこちにいました、かっぱのオブジェが

あの宇津井駅ほどではないが、なかなかの試練駅だ

福岡県 JR篠栗線 筑前山手駅

ここにもあった
天空の駅

大都市博多からわずか25分で絶景の駅へ

　元祖天空の駅として知られたＪＲ三江線宇津井駅は惜しくも廃線され、駅だけが残っているが、こちらはいまだ現役である。1968年の開業からこのスタイルを貫く筑前山手駅はホームに上がるのに階段のみ。バリアフリーって何ですか？という無人駅だ。

80段の階段の先に広がる高さ15mの展望……

福岡県 ＪＲ貨物 EF81形303号機

神出鬼没！なかなか会えない
銀色の機関車

他の仲間は次々と廃車されてしまった

会えないあなたの名はEF81形303号機！

　九州内を縄張りとしているこの機関車。通称「銀ガマ」と呼ばれている。もともとは海水に強い関門トンネル専用として1979年迄に4両が製作された。303号機は現在残っている最後のステンレス車体の機関車だ。

九州全域を走る「銀ガマ」

126

第4章 珍 九州

佐賀県 国鉄佐賀線跡 筑後川昇開橋

昔は列車専用、今は人専用の可動橋

夜はライトアップもされる。付近には昇開橋温泉もある

9時から17時で決められた時間に稼働させる。月曜休み

この仕組みを考案したのは鉄道技師・坂本種芳氏

そのシルエットに圧巻。鉄道が走っている時に来たかった

現役可動橋としては東洋一を誇る全長501m。筑後川河口に架かる旧国鉄佐賀線筑後川橋梁。そう、この橋は鉄道が通っていたのだ。1935年架橋という全国最古で1987年廃止後も幾度もなく解体が検討されたが、地元の熱意で観光歩道橋として再生された。

1932年パリ博覧会で昇開橋の模型が展示されたことも……！

[長崎県] 長崎電気軌道 崇福寺停留場
実は密かに川の上に停まっています！

> 外から見ると、ちょっとスリルが！

川の上に電停がはみ出した

　聞きなれない電停名と思うが、「正覚寺下」といえば分かるだろう。2018年に現在の電停名に改名しているのだ。1968年に延伸した際に電停用地が狭く、苦肉の策で玉帯川にせり出す形で落ち着いた風景である。

駅に掲げられた最西端の看板。構内には鉄道展示館も併設

[長崎県] 松浦鉄道 たびら平戸口駅
さぁ行こう！ここが日本最西端の駅？

> ちなみにJRの最西端駅は佐世保である

　日本最西端の駅は第3セクターの松浦鉄道・たびら平戸駅だが、2003年に沖縄・ゆいレール那覇空港駅が開業したことで、その称号が揺れている。一応鉄道事業法に基づく普通鉄道では、同駅である。

揺れる日本最西端論争のゆくえは？

128

第4章 珍 九州

熊本県　熊本電気鉄道 上熊本〜韓々坂間
ゴング式警報機の整列！

電子音ではない、危機迫るあの警報サウンドを聞きに行け。

その警報音を聞いてみよう。QRコードにアクセス！

上熊本駅〜韓々坂駅のほぼ中間にある県道31号線上・韓2号」踏切は今や貴重となったゴング式踏切が6基も並んでいる。踏切ファンにはたまらない光景だ。警報機の上にゴングを付けているのが分かる。電鈴式といい、直接ゴングを内部から叩いて警報音を奏でている。

熊本県　くま川鉄道 おかどめ幸福駅
どうみても神社！
九州の幸福駅

記念入場券は近隣のお土産屋で販売！

1989年、国鉄湯前線が第3セクター化され、くま川鉄道発足時に新設された駅である。最寄りの岡留熊野座神社が難を留めて幸せを祈る社として幸福神社と呼ばれているところから駅名に採用された。

駅の歴史は浅いが、この佇まいはご利益ありそう

鹿児島県 JR指宿枕崎線 西大山駅

さぁ行こう！ここが ~~日本~~ JR最南端の駅

駅前には幸せの黄色いポストが設置されている

> やはりこの標柱にはキハが似合う

こちらも沖縄・ゆいレール赤嶺駅が開業したことで日本最南端の地位が揺らいだが、JR九州はあっさりと譲り、駅にある標柱にJRをつけ、「JR日本最南端の駅」とし、解決している？

最南端論争は解決？

鹿児島県 JR指宿枕崎線 枕崎駅

稚内から続く 線路の最果て

ここで本当の終端と、訪れる度に考えさせられる

> 近くの観光案内所に記念スタンプあり。さぁ押そう！

改めて日本の鉄道のすばらしさを感じる聖地だ

背後には行く手を阻むようにスーパーが建っている。1面1線の無人駅だ

北海道・稚内駅から3990.5kmの線路を辿ってゆくと鹿児島県指宿枕崎線枕崎駅に到達する。ちなみに、この駅から北海道稚内駅まで普通列車のみで行くと、約5日かけて40回以上の乗り換え、そして約5万円(普通運賃)で行ける。日本の鉄道はやはりスゴイ！※在来線は津軽二股駅まで津軽今別〜木古内は北海道新幹線利用の場合で算出

130

第4章 珍 九州

宮崎県 喫茶ろくろ
これは貴重&驚愕の キハ20が鎮座する喫茶店

一見、普通の喫茶店だと思って入ったら、出迎えたのはタラコ色のキハ20！ 知る人ぞ知る宮崎の鉄道喫茶である。ご主人の中原正典さんが国鉄高千穂線などで活躍した最後でしかもバス窓仕様のキハ20-70を手にしてメインキャストに据えた。店内中、鉄道コレクションが並び、それらを眺め鉄道話に華を咲かせながら、〝鉄スペ〟を頂く幸せ！これは一見の価値あり。

九州の鉄道愛に満ちた喫茶店で心も胃袋も鉄分補給

喫茶ろくろは月〜土曜9時〜18時30分（日曜祝日は10時〜）

これはインパクト大の店内。誰もが憧れる夢のスペースだ

鉄彗星スペシャルは、ミートスパとハンバーグが共演した鉄ランチ

沖縄県 沖縄都市モノレール 石嶺〜経塚間
アクロバット過ぎるモノレール

アノ伝説の刑事ドラマ「大都会」を彷彿させる勾配だ

このアングル、経塚駅から望遠で撮影することができる

石嶺駅では背景に海を展望できるスポットだ

2003年に那覇空港〜首里間で運行をはじめ、2019年には、さらに首里〜てだこ浦西間まで延伸、さらに延伸計画のあるゆいレール。新規に軌道の敷設が必要であったため、路線は延伸区間に入るほどアクロバットな様相を見せてくれる。特に石嶺〜経塚間はご覧の通り、ベタふみ坂並みの勾配を駆け降りるのだ。

（沖縄県）沖縄都市モノレール 那覇空港駅

さぁ行こう、ここが日本最西端の駅

一番目立つところに記念碑建てました。ここが最西端駅です！

2003年に開業したゆいレール那覇空港駅の存在によって、これまで日本最西端であった松浦鉄道・たびら平戸口駅から、その称号が移されたが普通鉄道としてはまだ日本最西端の駅を自負する同駅とバチバチである。そこへJRの最西端駅として名乗りを上げた佐世保線佐世保駅も参入したから大変。三つ巴の最西端駅論争は終わらないのだ。

駅は2面2線の有人駅で、改札まで空港のカートが使用できる

最西端駅が3つも！
三つ巴の戦いはまだまだ続く……

（沖縄県）沖縄都市モノレール 赤嶺駅

さぁ行こう、ここが日本最南端の駅

駅コンコースにある最南端駅の顔ハメパネルを発見

2003年に開業したゆいレール赤嶺駅。それまではJR指宿枕崎線西大山駅がその称号を手にしていたが、西大山駅が「JR駅最南端」と改めたことで、こちらはあっさりと最南端を受け継いだ。ただ、赤嶺駅には最南端を示す看板がなく、駅前ロータリーの片隅に記念碑があるのみ。そんなに遠慮しなくても……と思うのは私だけ？

日本最西端・最南端駅が
隣同士に並ぶ。
観光客は気づくのか？

さらに隣の小禄駅では、最西・南端の駅弁が売られている！

132

置き方にこだわりアリ
保存SLがおもしろい！

鉄道記念碑とともに全国各地に置かれるSL、SLの一部。思わず感激しちゃう、こだわりある保存SLたち。

＼ 煙室の扉をアレンジしちゃった編 ／

1 北海道・JR新得駅前
9600形59618号機
かつて狩勝峠を越えるため機関区があった。火夫の像の一部に組み込まれた。現在、移動したとの報告も

2 静岡・JR沼津駅前
C58形230号機
JR東海1周年に建てられたもので、下に書いているのは「沼津機関庫」？ 達筆過ぎて読めない

3 兵庫・JR生野駅付近
C57形93号機
元々は完全体で保存されていたが、部品の一部はやまぐち号C57形1号機に組み込まれたためこの姿に

4 鹿児島・JR串木野駅前
8620形68660号機
鹿児島本線建設に尽力された名士、長谷純孝氏の銅像と並んで展示。汽笛まで保存されている、珍しいパターン

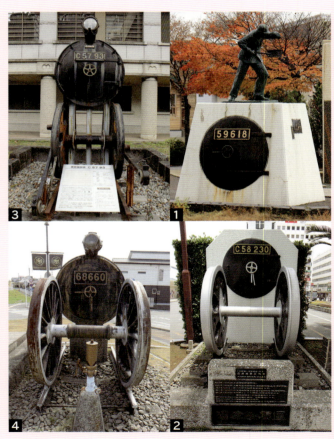

置き方にこだわりアリ　保存 Ⓢ Ⓛ がおもしろい！

＼ 動輪だけでも活かしてくれちゃった 編 ／

栃木県・真岡鐵道真岡駅前　9600形？機関車
さすがはSL動態保存の真岡鐵道。一文字「動」とある。動輪も松葉スポークと貴重

北海道・稚内港北防波堤　C55形49号機
旧稚内桟橋駅があった場所で、塩害が酷く1996年に惜しくも解体されてしまった

長野県・JR小海線沿線 鉄道最高地点 C56形26号機
鉄道最高地点であるJR小海線清里〜野辺山間にある記念碑前に鎮座。C56形は小海線のポニーとして親しまれた機関車

北海道・JR石北本線美幌駅舎　C58形62号機
美幌駅60周年で建立されたもので、片輪動輪にレールが一本のみ敷設された斬新な展示

大阪府・JR山陽新幹線新大阪駅内 9600形29600号機・C57形155号機
1984年に新幹線20周年で大正・昭和を代表するSLと新幹線の車輪を一堂に展示された豪華版。さらに29600号機は敦賀駅前にも動輪が保存されているという分散型だ

北海道・浦臼町郷土資料館駐車場　C11形177号機
これは珍しい。動輪は別のSLのものを持ってきている複合型展示。それにしても立派な碑である

兵庫県・旧国鉄高砂線尾上駅跡地　9600形？機関車
1984年に廃止された高砂線尾上駅跡を1994年整備された際造られたモニュメント。おそらく、給水塔を横に切断した上に動輪が鎮座している

青森県・JR八戸線鮫駅前 8620形機関車
1974年に駅の開業50周年記念で建立されたもので、ここを走っていた8620形機関車の動輪を展示

135

島根県・JR山陰線浜田駅前　D51形694号機
「天皇行幸啓記念タイプカプセル」とあり、浜田鉄道部が建立。横には腕木信号機も展示されている

広島県・JR芸備線甲立駅内　C58形64号機
山陽新幹線博多開業を記念して建立された。新幹線開業をきっかけに建立するものが多い

島根県・旧JR三江線口羽駅付近
1974年に開通した三江線全通記念に建立されたものだが、あまりにも錆が酷く識別不明さらに鉄道も廃止されてしまった

広島県・JR芸備線備後西城駅前　C58形132号機
展示のきっかけとなるのが1972年の鉄道100周年記念。ちょうどSLの引退が盛んだった

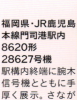

福岡県・JR鹿児島本線門司港駅内　8620形28627号機
駅構内終端に腕木信号機とともに手厚く展示。さながら駅の守り神的存在である

香川県・JR土讃線多度津駅前　8620形58685号機
こちらは四国鉄道100周年で設置された例。別のところにあったものを駅前に移転されてきた

鹿児島県・JR吉都線吉松駅横　8620形48674号機
左から明治時代の開通碑、動輪、跨線橋支柱、吉松駅開業百周年碑、吉都線全線開通碑と豪華絢爛！

山口県・JR山陽新幹線新山口駅前　D51形797号機
新山口駅新幹線口にあるD51の主輪同時展示。ちなみにCは3軸、Dは4軸、Eに至っては5軸ある

置き方にこだわりアリ　保存SLがおもしろい!

SL丸ごと手に入っちゃった編

宮城県・JR陸羽東線中山平温泉駅横
C58形356号機
雨ざらし状態にされてしまった"野良SL"の1機である。その後2022年に惜しくも解体されてしまった。いかに保存が難しいかを思い知らされた

東京都　JR東海道本線新橋駅前　SL広場
C11形292号機
日本一有名な保存機といって過言ではないが、活躍していたのは播但線や姫新線という元姫路区の機関車でまさか余生をここで過ごすとは！

神奈川県・JR御殿場線山北駅最寄り
鉄道公園内　D52形70号機
保存会の努力によりコンプレッサーによる動態保存となった。わずか12mだが、夢への第一歩を踏み出した

北海道・JR宗谷本線名寄駅最寄り　北国博物館
9600形 59601号機・D51形398号機
排雪列車キマロキ編成丸ごと展示されている。しかもこの場所、元名寄本線跡に展示している

岩手県・JR田沢湖線小岩井駅最寄り
小岩井農場内　D51形68号機
SLホテル最後の砦であったが、2008年に惜しくも閉鎖。今も保存はされている

青森県・JR五能線ウェスパ椿山駅横
8620形 78653号機
当初茨城県日立市の公園に保存されていたが、市が解体を公表。五能線沿線のNPO法人が引き取り、危機を乗り切った機関車

137

大阪府　パークローソン大阪城公園店内
C58形66号機
1982年に国鉄大阪城公園駅開設記念に置かれたもので、元々はレストハウスの一角にあったが、その後ローソンに改装、不思議な光景に

京都府　JR山陰本線福知山駅前　C11形40号機
福知山運転区にあった転車台ごと保存されている珍しい例。夜はライトアップされる。これで実際に転車したら最高！

岡山県　JR津山線津山駅前　C11形80号機
ほど近い小学校敷地内から、町おこしの一環として駅前に移転され華開いた幸運？　な機関車

静岡県・JR東海道本線熱海駅前
熱海軽便鉄道7号機
関東大震災で廃止された同鉄道。国鉄に引き取られるも、熱海市が買い戻した幸運な機関車

静岡県　大井川鐵道　新金谷駅内
C12形164号機
日本ナショナルトラスト所有。日頃は新金谷にある転車台上が彼の展示場所だが、転車使用時は別の機関車で移動させられる

長野県　飯田市扇町公園　D51形402号機
1972年に国鉄から譲り受けたが、老朽化を理由に解体される運命にあったが、2025年に引き取り手を無償で募集することに。運命やいかに！

置き方にこだわりアリ　保存 SL がおもしろい！

香川県　JR高徳線三本松駅最寄り
福江小学校跡　C11形195号機
第七代国鉄総裁藤井松太郎氏ゆかりの地。一度は
良好な整備状況に復活機関車候補になった

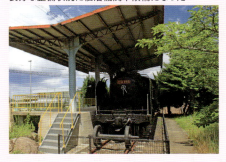

愛媛県　JR予讃線宇和島駅最寄り　和霊神社
C12形259号機
大屋根・プラットホームまでついた機関車はこども
達の遊び場に。でもここは神社の敷地

福岡県　JR九州　小倉工場内　D51形542号機
このデゴイチは輪切りにされ、仕組みがよく分かる
貴重な機関車。工場移転でその運命やいかに？

岡山県　新見市井倉井倉洞前　D51形838号機
お召機として全国的に有名で、あの伯備の三重連に
も登板している。現在は屋根・柵の中で地元の方々
に手厚い手入れがなされている

山口県　JR山口線津和野駅前　D51形194号機
津和野町内を転々と移動されてきた194号機。よう
やく駅前という陽の目を浴びけることに。6つ後の
200号機はやまぐち号として活躍している

山口県　美祢市　美祢市市民会館
C58形36号機機
1973年に美祢線の石灰列車で活躍していた同機
を保存された。行く手を阻むように置かれているの
は1997年に廃止された大嶺駅標

大分県　JR肥薩線吉松駅横　　C55形52号機
町を挙げて保存・整備をしている唯一の門デフ装備車。熊本県・矢岳駅にもD51形170号機が手厚く保存されており、肥薩線沿線は動態機SL人吉など幸せな機関車が数多くある

鹿児島　肥薩おれんじ鉄道出水駅西口
C56形92号機
タイ国鉄バリにおめかしをしてもらっている機関車。地域に愛されていると実感！

沖縄県　那覇市与儀公園　D51形222号機
日本最南端にある保存機で1973年、沖縄の子供たちにSLを送る運動によって集まった寄付金で九州から運ばれた思いの詰まった機関車だ

福岡県　JR九州　小倉工場内　C12形222号機
車両工場に保存されている機関車はやはりシンボル的存在。大体数字のいい機関車が抜擢される

福岡県　西日本鉄道貝塚線貝塚駅最寄り
福岡市貝塚公園　9600形49627号機
貴重となった三段式寝台車ナハネフ22ともに野外保存されており、定期的に内部公開も

福岡県　高千穂〜高森未成線
夢見路公園　8620形48647号機
全国で唯一となる未成線の橋梁上に保存された機関車。元お召機として地元の方々に大切にされている

140

駅&交通標識に見る ふぞいの新幹線&電車たち

駅の案内表示や鉄道の駅へ誘う道路標識にある新幹線&電車たち。
それらは個性豊かで、中の実車はとっくに引退しているのに、この看板の中ではいまだ現役もいるのだ。

北海道新幹線&在来線

宗谷本線
塩狩駅
こ、これは特急マークも入った781系電車ではないか！ しかもこの駅は非電化路線なのに……

北海道新幹線
新函館北斗駅
これは間違いなくE5いや待て、北海道だからH5系ということで……

北海道新幹線
木古内駅内
こちらも、アイコンは何度言おうがH5系で統一だ

カントリーサインにも変化あり！
北斗市
2006年上磯・大野町が合併して誕生した市。以前はどことなくE2系に似たものだったが、立派なH5系に！

知内町
北島三郎さんの故郷で、青函トンネル北海道側に位置する町。開通した1988年から489系はつかりが描かれていたが、最近こちらもH5系に。

北海道新幹線
木古内駅内
こちらはサイドのH5系？ がお出迎え。ラインの色で決まりだが……

国道バイパス
北斗中央
アイコンだけで新函館北斗駅を示す。当然H5系だ

東北・秋田・山形・上越・長野新幹線＆在来線

東北新幹線
仙台駅内
ホームで確保。秋田新幹線こまちのリアル看板ということは……

こまち号のりば
Komachi Super Express

山形新幹線
山形駅
これは貴重！ 初代400系が生きている。記録は今のうちに

北海道新幹線
奥津軽いまべつ駅
一応本州側の駅だが、管轄はJR北海道ということで、これはH5系が並ぶ

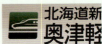

上越新幹線
高崎駅内
普段は走行しないE5系？が幅を利かせている

東北新幹線
新青森
今度こそE5系と言っていいだろう

上越新幹線
新潟駅
秋田駅もそうだったが、新潟も新幹線ではなく、なんとも……

東北新幹線
八戸駅
郊外看板には初代200系のアイコンが。でも八戸開業の時は走ってなかった。3kmへと近づくにつれ一気にE5系しかもリアルにアイコンへと変化

上越新幹線
新潟駅内
駅に入ると将来を見据えてか、E5系？がズラリ

東北新幹線
盛岡駅
1982年に東北新幹線開業以来、かたくなに200系を貫いている

上越新幹線
本庄早稲田駅
地味な駅だが、描いているのは200系とかなりレア

秋田新幹線
雫石駅
これは、走行実績のない200系？ シャークノーズ？ 国道で確保

長野新幹線
佐久平駅
あえて長野新幹線と名乗りたいこの看板を発見

東北新幹線
盛岡駅内
これは可愛らしいイラストでの案内看板。ワッペンにしたい

駅&交通標識に見る ふぞろいの新幹線&電車たち

北陸新幹線
高岡駅
これは西日本のW7系で決まり！ しかもイラストタイプ

東海道・山陽・北陸新幹線&在来線

氷見・城端線
高岡駅
富山も同じアイコンを使っているが、玉電に見えてしまう

東海道新幹線
東京駅
八重洲口で並ぶN700と先代700系アイコン。東京駅ではまだ700系の天下だ

山陽新幹線
新倉敷駅内
近く引退する700系レールスターとサイドのN700が！

東海道・東北新幹線
東京駅
いたるところで、この2つのアイコンを目にする。色ですぐ分かる。なんとなく緑が大きいのは、JR東日本と東海の力の差か？

山陽新幹線
新神戸駅内
ありました！ 100系アイコン。年々その数を減らしています

山陽新幹線
三原駅内
思わず二度見してしまった、100系ともうすぐ引退する115系の素晴らしい並び

東海道新幹線
新富士駅
初代0系が東海道でも生きている。これはうれしい

山陽新幹線
厚狭駅
一見0系に見えるが運転席の窓配置から1962年登場の試験車1000系ではないか？

北陸新幹線
軽井沢駅内
隠れるように存在を主張しているアイコンを発見

北陸新幹線
糸魚川駅
新潟県糸魚川にあるこの看板。さぁE7？それともW7系か

駅&交通標識に見る ふぞろいの新幹線&電車たち

山陽本線
下関駅

在来線はご覧のとおり、もう少し力を入れてほしい

山陽新幹線
新下関駅

知る人ぞ知る新下関ファイブ。すべて0系ベースだが、それぞれ個性が違う

東海道本線
京都駅内

JR在来線を表すアイコン。これは一体何系?

松山貨物駅

四国にある高松・松山貨物駅のアイコンはEF65形電気機関車というレアモノだ

山陽・九州・西九州新幹線&在来線

九州新幹線
新八代駅

なんと走行実績のない100系がこれでもかと存在を主張している

西九州新幹線
長崎駅内

西九州新幹線は一貫してN700Sを起用しているが、なぜかのぞみ仕様になっている

西九州新幹線
武雄温泉駅

案内道路標識もN700S仕様だが、かもめにはないラインがここにも

西日本鉄道
福岡天神駅内

西鉄のアイコンは引退した8000形がまだまだ活躍中

山陽新幹線
小倉駅

小倉駅で確保したパンダ700系レールスターを表したもの。また在来線に比べての力の入れようが違うN700系も必見

九州新幹線
久留米駅

右の熊本看板とよく見比べてほしい。鼻の部分のエンブレムが久留米駅のものはちゃんと「つばめ」が入っているではないか

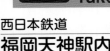

144

ツボにはまる珍駅名

なぜこの駅名に!? と目を疑いたくなる、とってもユニークな不思議な名前の駅の数々。

本当に赤色にしてしまった。これは目立つ

平成筑豊鉄道田川線赤駅

そこまで「愛」を求めているわけじゃないんですけどね

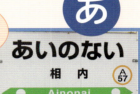

JR石北本線相内駅

池場駅に行けば～（笑）

JR飯田線池場駅

かわいらしい女の子がホームで待っていそう

JR奥羽本線井川さくら駅

漢字で書いても絶対読めないよ、あんた……

JR石北本線安足間駅

なんだか、月9ドラマに出てきそうだなぁ

JR石北本線愛し野駅

隣の駅が田んぼ……ってくらいだから、納得

弘南鉄道弘南線田舎館駅

見たとたん、「おかしいよ！」って笑ってしまうがな

秋田内陸縦貫鉄道 笑内駅

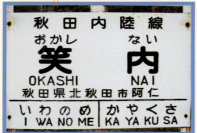

JR大糸線海ノ口駅

海がない県だから、憧れが駅名になったのかな？

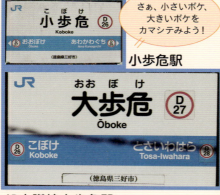

さぁ、小さいボケ、大きいボケをカマシテみよう！

小歩危駅

JR土讃線大歩危駅

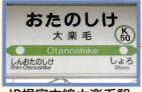

どんだけ楽しい場所なのか気になってしょうがない

JR根室本線大楽毛駅

みかんの産地かな？愛媛県に対抗してるなぁ

JR高徳線オレンジタウン駅

残念！「高原」はいらなかったなぁ

JR仙山線面白山高原

「好きな人ってだれよ？」って聞いてみたい

秩父鉄道小前田駅

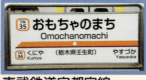

こども達が喜びそう。レゴで出来てる街？

東武鉄道宇都宮線おもちゃのまち駅

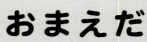

146

ツボにはまる 珍駅名 か

「もうええよ」って許してしまう直球の謝罪駅

JR土讃線 後免駅

車掌さんも友達を呼ぶみたいな発音になっちゃう

JR函館本線倶知安駅

野口五郎さん1日駅長お待ちしています

JR予讃線五郎駅

桃太郎発祥の地だから、鬼もいないわな

JR予讃線鬼無駅

金運アップ！この本が売れますように……

JR室蘭本線黄金駅

酔っ払ってたどり着いても絶対に吐かないでね

JR高山本線下呂駅

注意一瞬 毛賀一生？

JR飯田線毛賀駅

この駅にも、小学校から消えつつある二宮金次郎像を！

紀州鉄道学門駅

JR奥羽本線 後三年駅

後3年、何を待つかは分からないけど、忍耐が必要です

五郎丸歩さん1日駅長お待ちしています

西日本鉄道甘木線五郎丸駅

さ

名古屋鉄道三河線
猿投駅

猿がいても投げないでください。ウキィー

JR函館本線
昆布駅

うまみたっぷりのダシはでませんが、駅舎は味わい深いです

JR福塩線上下駅

町の名前が上下って……

JR奥羽本線十文字駅

線路配置はダイヤモンドクロスではありません

JR根室本線
新富士駅

この駅で降りても富士山は見えません……

た

ひたちなか海浜鉄道
高田の鉄橋

鉄橋ってどこに着くの……

JR石勝線
トマム駅

トマム、トマム、Tomamu。呪文に聞こえてきた

西日本鉄道
天神大牟田線徳益駅

得が増す増す……なんだか得な気分になった

松浦鉄道
西九州線大学駅

大学があるから、これでいいのだ！

な

上信電鉄南蛇井駅

「次はなんじゃいー」車掌アナウンスが聞きたくなった

JR奥羽本線及位駅

そぉーとのぞいてみてください。何もありません

は

エレキバンで
おなじみの駅。
つい肩がこっちゃ
うのよね

JR宗谷本線比布駅

髪でお悩みの
男性諸君。ここが
あなたたちの
聖地です

JR予土線半家駅

高架駅でどこにも
花畑なんか
ありません

西日本鉄道天神大牟田線花畑駅

これは縁起がいい。
昔、記念きっぷ
売っていたね

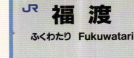

JR津山線福渡駅

どうか幸せに
なってほしいと
願うばかり
です

津軽鉄道深郷田駅

日本一の山だ！と
降りても、ここは
ホームです

富士急行富士山駅

残念ながら
ヌーディスト
アイランドは
ありません

JR身延線波高島駅

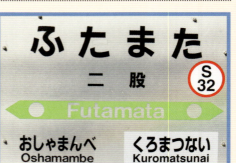

「本命は1人の方がいいよ。トラブルの元ですよ」

JR函館本線二股駅

「じゃ、もうちょっと待ってる。」って言うしかないよね

西日本鉄道甘木線馬田駅

JR予讃線みの駅

みのもんたさん、1日駅長お待ちしています

新手のネーミングライツか

智頭急行宮本武蔵駅

こうなると、どれが駅名やら、わけがわからない

「本気」と書いてマジと読む……と同じ発音でいいですかね

銚子電鉄本銚子駅

JR山陰本線馬路駅

読駅　80駅、すべて読めるかな？

北海道

①

②

③

④

東北

⑤

⑥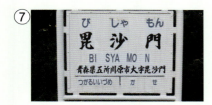

⑦

⑧

⑨

関東

⑩

甲信越

⑯

⑰

⑱

東海

⑲

⑳

⑪

⑫

⑬

⑭

⑮

㊥ 読駅 80駅、すべて読めるかな？

㉖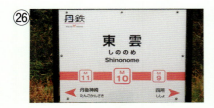

㉗

㉘

中国

㉙

㉚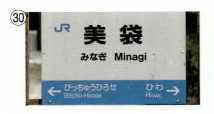

㉑

㉒

近畿

㉓

㉔

㉕

㊱

㊲

㊳

㊴

㊵

㉛

㉜

㉝

㉞

㉟

154

読駅 80駅、すべて読めるかな？

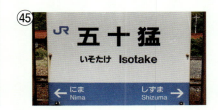

珍読駅 80駅、すべて読めるかな？

四国

⑦⑥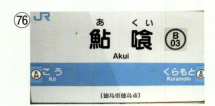

⑦⑦

九州

⑦⑧

⑦⑨

⑧⓪

⑦①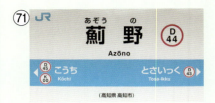

⑦②

⑦③

⑦④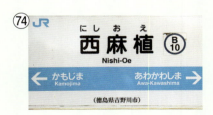

⑦⑤

あとがき

いかがでしたか？"どつぼ"にハマってしまいましたか？

ほうら、いわんこっちゃない。

でも、ハッキリいいます。まだあります！

今回載せられなかったネタやまだ見ぬスポットがこの1冊に収まるわけがありません。

あまりにも載せたいものが多すぎて迷った挙句、追加の取材からギリギリになってしまい……。校了日にまだ原稿を書いている始末。

「なんや、このスポット逃してるぜ」「実はこんな珍風景あります！」ぜひ教えてください。

第三弾のために、すぐ怪しいスーツの男がCEDRICにまたがり、まいります。

スーツの鉄道カメラマン つぼうちまさみ

159

ブックデザイン
　　川尻裕美、佐藤琴美（有限会社エルグ）

編集
　　近江秀佳

本書は、株式会社天夢人が2019年12月に刊行した旅鉄BOOKS 022『鉄道珍百景』、
2021年12月に刊行した旅鉄BOOKS 053『もっと鉄道珍百景』を再編集したものです。

旅鉄BOOKS PLUS 014

おもしろ鉄道珍百景

2025 年 2 月 20 日　初版第 1 刷発行

著者　　　坪内政美
発行人　　山手章弘
発行所　　イカロス出版株式会社
　　　　　〒 101-0051 東京都千代田区神田神保町 1-105
　　　　　contact@ikaros.jp（内容に関するお問合せ）
　　　　　sales@ikaros.co.jp（乱丁・落丁、書店・取次様からのお問合せ）
印刷・製本　株式会社シナノパブリッシングプレス

乱丁・落丁はお取り替えいたします。
本書の無断転載・複写は、著作権上の例外を除き、著作権侵害となります。
定価はカバーに表示してあります。
© 2025 Masami Tsubouchi All rights reserved.
Printed in Japan　ISBN978-4-8022-1574-9